Kurt Paul Pahlke

# Danzig,
# der Krieg und ich

Für ihre Unterstützung bei der Entstehung dieses Buches danke ich herzlich meiner Lebensgefährtin Elke Johanna Schneider sowie Anja Otto von der Biografiewerkstatt Otto.

Kurt Paul Pahlke

**Impressum**

© 2009 Kurt Paul Pahlke

Text und Layout:
Biografiewerkstatt Otto
Breite Straße 8, 55124 Mainz
info@biografiewerkstatt-otto.de

Herstellung und Verlag:
Books on Demand GmbH, Norderstedt

2. Auflage

ISBN 978-3-8370-3733-3 – Preis: 12,90 €

E s ist mir nicht gelungen zu vergessen, weder die guten noch die bösen Erlebnisse – vor dem Krieg, während des Krieges und nach dem Krieg. Diese so unglaublichen Kriegserlebnisse zeigen sich mit einer sehr großen Genauigkeit in meinen Träumen und vermitteln mir den Eindruck, alles noch einmal erleben zu müssen.

Diese Träume und das vorhandene Wissen haben mich davon überzeugt, dass eine Niederschrift meiner Erlebnisse dringend notwendig ist, um eine kleine Ruhe finden zu können. Den Menschen mit gleichen Erfahrungen kann ich sagen: Es bleibt in euch und wird euch nicht verlassen. Es ist nun einmal die Wahrheit, die hier zu lesen ist.

Und so habe ich mir den Wunsch erfüllt, meine furchtbaren Kriegserlebnisse wahrheitsgetreu aus dem Gedächtnis niederzuschreiben. Ich habe dieses Vorhaben immer wieder vor mir her geschoben und danke dem lieben Gott dafür, dass ich mit meinen 73 Jahren dazu noch in der Lage war. Ich überreiche dieses Buch dem auf dieser Welt etwas vernachlässigten Wort Wahrheit.

Ich wünsche mir von ganzem Herzen, dass diese Zeilen die Menschen meiner Generation aus diesem so wunderbaren Osten Deutschlands, die Ähnliches erlebt haben, erreichen. Das ist sehr wichtig für mich als in der Freien Hansestadt Danzig geborenen Bürger, der noch heute die Tränen nicht unterdrücken kann beim Aussteigen aus dem Flieger in Danzig. Ihr werdet es nicht unterlassen können, an dieses so schöne Stückchen Land auf dieser Erde zu denken, denn die Verbindung wird niemals abreißen und ab und an auch zu Tränen bewegen.

Herzliche und aufrichtige Grüße sende ich an alle meine Danziger Mitbürger und ich bitte um Verständnis für meine so hart geratene Erlebniswiedergabe der Kriegszeit vor 62 Jahren.

Ein herzliches Dankeschön allen meinen Lesern.

Im Sommer 1941 besuchte ich in Alt-Schottland die Schule. Die Fragen dort waren immer die gleichen: Wie heißt du, wo wohnst du, was arbeitet dein Vater? Die gelernte Antwort wird wohl nicht allen Leuten gefallen haben, aber mich hat die Aussage stark gemacht: „Mein Name ist Kurt Paul Pahlke. Ich wohne in Ohra, Horst-Wessel-Straße 11; mein Vater ist Polizist, er steht immer auf der Insel gegenüber dem Kino Langer und regelt den Autoverkehr." Hiermit war meine Erkennungsanzeige entgegengenommen und man nannte mich nur noch Pahlke, nicht mehr mit meinen Vornamen, was verständlich war, denn den Namen Kurt gab es viermal in meiner Klasse.

Nach der Schule trafen wir uns am Eingang des Höhneparks und nahmen auf dem Damm an der Radaune entlang in aller Ruhe den Weg nach Hause auf. Wissen wurde ausgetauscht und natürlich die Prahlerei von uns allen, was wir am Sonntag mit den Eltern unternommen hatten. Zu meinen schönsten Erlebnissen zählten die Ausflüge nach Heubude an den Strand – einen ganzen Tag in den Dünen toben und am Strand spielen, das war für mich als Kind so lebenswichtig und unersetzbar, dass ich heute noch sehr oft daran denke, und ich gebe zu, oft mit einigen Tränen.

Die schöne Kinderzeit mit Schiffausflügen nach Hela, Pillau und Zoppot war vorbei, als die Sirenen feindliche Flugzeuge ankündigten. Die Häufigkeit dieser Anflüge veranlasste die Männer in den hellbraunen Uniformen den Bürgern zu befehlen, nicht mehr in die Wohnungen zu gehen, sondern im Keller eine Familienbleibe einzurichten. Eine neue Zeit begann. Den Tag verbrachten wir im Höhnepark, an der Radaune und in den Gärten oder auf Plätzen, wo

Männer und Frauen in Uniformen etwas veranstalteten. Die Schule fiel tageweise aus und zu Hause mussten wir Kinder feststellen, dass kein Gewohnheitsrecht auf gute Dinge mehr vorhanden war. Alles wurde mit einer genauen Einschränkung versehen, das betraf selbstverständlich in der Hauptsache die Ernährung, die im Keller zubereitet werden musste.

Als sich herumgesprochen hatte, dass wir wieder zur Schule gehen mussten, hatten wir Jungen wieder die Möglichkeit zu planen und abzusprechen, welche neuen Dinge es zu erleben gab.

Folgendes Erlebnis prägte sich mir ein: Wir standen auf der Brücke und an den Ufern der Radaune und schauten zu, wie Männer in deutschen Uniformen den Fluss reinigten. Das Wasser hatte man abgelassen und der Boden war total verdreckt. Am Anfang verstanden wir nicht richtig, weshalb ein Teil der Soldaten mit Gewehren und Maschinenpistolen dort herumschrie und die anderen, arbeitenden Soldaten beschimpfte und aufpasste, dass sich jeder richtig bewegte. Es tat uns Jungen im Alter von ungefähr neun Jahren sehr leid, wie die Aufseher mit den freundlichen Männern umgingen, die auch Väter waren und eine Mutter hatten.

Nachdem einige Bewohner Ohra verlassen hatten, mussten wir feststellen, dass auch unser Bäcker kein Brot mehr backte und mit der ganzen Familie verschwunden war. Unser Bäckerladen Waschun sowie unser Einkaufsladen Labuda auf dem Damm waren für uns Jungen wichtige Treffpunkte gewesen. Bei Waschun bekamen wir oft Kuchenreste vom Vortage und bei Labuda stand ein großes Glas mit Bonbons auf dem Ladentisch, das von der alten Dame nach den

6

Einkäufen für uns geöffnet wurde. Fürsorglich und erfinderisch, wie unsere Mutter nun einmal war, bekam der Herr Vater den Befehl, das Mehl zu besorgen, und Mama backte das Brot selbst. Uns Kindern schmeckte es viel besser.

Meine Ration frisches Brot mit Butter war für mich etwas Großartiges. Nachdem ich mich mit einem gefangenen Soldaten in der Radaune auf Sichtweite angefreundet hatte, ging ich morgens vor der Schule auf die Brücke und wartete den Zeitpunkt ab, bis der bewaffnete Wachsoldat sich umgedreht hatte, damit ich dem Gefangenen ein Päckchen Brot zuwerfen konnte. Als Belohnung erhielt ich von ihm ein kleines Lächeln mit der Wirkung eines großen Dankeschöns.

Eines Tages kam ich deshalb zu spät zum Unterricht. Die Klasse wurde gerade von einem Lehrer in Offiziersuniform unterrichtet. Dieser Mensch jagte mir Angst ein. Ich freute mich darüber, einem Menschen etwas Gutes getan zu haben, und begründete ihm mein zu spätes Erscheinen. Noch heute denke ich darüber nach, wie es ein Mensch in Uniform fertigbringt, mich dafür so zu verprügeln. Es gab wohl zwei Sorten Menschen auf der Erde. Die in Uniform hielten sich für die Besseren. Ich hatte mir vorgenommen, mit keinem Menschen darüber zu reden, wie ich als Junge von zehn Lebensjahren die Menschen beurteilte. Nicht sprechen bedeutet für mich nicht, dass auch der Kopf ausgeschaltet ist. Im Gegenteil, über Dinge nachzudenken, sorgt in vielen Fällen dafür, die richtige Erklärung zu finden. Die damals herrschende Gewalt entsprach genau der Entscheidung eines Menschen, der die Wahrheit in einen Karton gelegt und sich in die Vorstellung eines starken und erhabenen Menschen zurückgezogen hatte und nur mit der Lüge umging und sich dabei auch noch wohlfühlte.

Jahre später habe ich in einem kleinen Heftchen eine große Weisheit entdeckt und sie immer behalten. Ich bin von den Worten heute noch überzeugt. Sie müssten von vielen Menschen gelesen werden, denn sie sind eine echte Beurteilung eines Menschen, der durch die Darstellung der Macht in Wort und Tat nur mit der Lüge umgeht. „Die Wahrheit umfassend benannt mit dem Wort Wahrheit, ist im Werte höher anzusetzen als der Mensch, der damit umgehen soll."

Das mir bereits mit zehn Jahren aufgegebene Rätsel konnte ich bis zu meinem 72. Lebensjahr nicht lösen. Somit gebe ich es auf, mit Geschehnissen der heutigen Zeit meinen Kopf zu belasten.

Der Wachmann sah mich nun täglich und drehte sich dann unauffällig um, sodass mein „Freund" schnell das Brot auffangen und unter seiner Jacke verstecken konnte. Anschließend winkte ich auch dem bewaffneten Soldaten zu, der daraufhin lächelte. Mein Geheimnis, meine Brote verschenkt und deshalb mittags etwas größeren Hunger zu haben, fiel natürlich auf. Bald verschwanden die Soldaten jedoch. Die Mama sah mich oft an und ohne Worte stellte ich fest, dass sie immer noch mit meinem Geheimnis beschäftigt war.

Es war ein Tag wie jeder andere. Soldaten, allein oder mit Pferdewagen, vollgepackt mit Kartoffeln, befuhren die Horst-Wessel-Straße. Eine Gruppe von etwa 50 Soldaten marschierte singend durch Ohra Richtung Alt-Schottland, Matzkau. In Danzig und Umgebung wurden die Pferde zusammengetrieben und zum Höhnepark gebracht. Hier hatte man einen

Pferdeschlachthof eingerichtet. Bei jedem Schuss fiel ein Pferd tot um, das war für uns sehr grausam. Soldaten fuhren mit ihren LKWs das Fleisch in Richtung Ostfront, wie man uns erklären wollte, was wir Kinder aber noch nicht richtig verstanden.

Wieder ertönten die Sirenen, die Flieger kamen. Also hieß es, in irgendeinem Luftschutzkeller Schutz zu suchen. Bomben schlugen ein, das Nachbarhaus brannte aus und fiel in sich zusammen, die Rettung der Menschen misslang. Die Mutti, die Oma und vier Kinder von nebenan überlebten nicht. Und wieder gab es trauernde und weinende Menschen.

Die Entwarnung hatte für uns Jungen immer etwas Neues zu bieten: Wo brannte es noch, wo waren die Häuser nur zusammengefallen? Wichtig war für uns auch das Sammeln von Granatsplittern.

Auf den Straßen lagen tote Menschen, auch Kinder, die von den Tieffliegern überrascht worden waren. Dieser Luftangriff war wohl ein sehr schlimmer gewesen, die Stadt brannte lichterloh und aus den meisten Häusern der Horst-Wessel-Straße loderten die Flammen, das Feuer reichte bis Petershagen. Auch die Dachpappenfabrik hatte es erwischt. Das Feuer konnte nicht gelöscht werden, sondern breitete sich täglich weiter aus.

Nach all den Ereignissen hatte unsere Mama jedem der Kinder eine Aufgabe übertragen. Ich hatte – wie bislang schon am Strand oder in der Straßenbahn – auf meine kleine vierjährige Schwester Rosie aufzupassen. Das war manchmal nicht ganz einfach, aber ich liebte sie sehr.

Wieder heulten die Sirenen und zeitgleich tauchten schon die Tiefflieger über unseren Häusern auf und schossen in die Höfe. Hinterher zählten wir Jungen im Innenhof 30 Einschüsse. Vom Kellerfenster aus konnte ich erkennen, dass meine kleine Schwester mitten im Hof stand und gen Himmel zu den Flugzeugen schaute. Ich rannte die Kellertreppe hinauf und lief zu Rosie. Überall schlugen die Geschosse ein. In den Wänden und auf dem Boden im Hof entstanden Löcher. Ich schrie: „Rosie, leg dich auf den Boden, ich komme." Mit einigen Sprüngen landete ich bei ihr, bedeckte sie mit meinem Körper und rollte sie in Richtung Kellertreppe, wo ich sie hinabwarf und ihr hinterhersprang. Auch hier hat uns beiden der liebe Gott geholfen und dafür gesorgt, dass wir noch am Leben sind. Mama schloss uns in ihre Arme und wir weinten tüchtig.

Am gleichen Tage zogen bewaffnete Soldaten beidseitig der Horst-Wessel-Straße entlang in Richtung Neu-Schottland. Die Menschen wurden von der Straße gejagt mit dem Hinweis, ein Trupp Gefangener aus Matzkau werde unter Bewachung hier durchmarschieren. Wir drei Brüder schlichen uns zu unserem Wohnhaus und warteten ab, was geschehen würde.

Nach Ablauf einer Stunde ereignete sich das Angesagte – es war schrecklich mitanzusehen, wie Menschen mit Menschen umgingen. Wir mussten Furchtbares erleben: Schreiende und mit Gewehrkolben schlagende Soldaten grenzten einen Treck hilfloser Menschen ein, junge und alte Männer. Viele wurden auf Holzliegen getragen, viele stützten sich auf selbstgebastelte Gehhilfen, blau-weiß bekleidet mit gestreiften dreckigen Anzügen. Die Menschen, elend aussehend und ohne Kraft zum Laufen, wurden unter Schlägen, Beschimpfungen und gebrüllten Befehlen vorangetrieben. Diese grauenvolle Vorstellung dauerte eine Stunde. Zum Schluss holten die Soldaten noch die Geflohenen aus den Häusern heraus. Getreten, bespuckt, mit Fäusten und Gewehren geschlagen kamen die Gefangenen auf die Straße, viele konnten sich nicht mehr bewegen und wurden auf einen Pferdewagen geschmissen. So viele Männer hatte ich noch nie so verzweifelt weinen gesehen. Wir drei Brüder waren sehr traurig. Unsere Mama ermutigte uns immer wieder: „Der liebe Gott macht das wieder gut!" Als Kind habe ich daran glauben können.

In den Unterhaltungen im Keller hörte man mittlerweile oft: „Die Russen kommen nach Danzig." Die ganze Einstellung zum Leben hatte sich verändert. Auch über die Härte der russischen Soldaten wurde gesprochen, über die zahlreichen Vergewaltigungen, jedoch auch hier konnten wir Kinder den Sinn der Worte nicht verstehen.

Unseren Vater hatte man im November 1944 in eine andere Uniform gesteckt. Er musste sich außerhalb von Danzig melden, um zusammen mit Greisen und noch halben Kindern an der nahen Front eingesetzt zu werden. Von außerhalb hörten wir die Einschläge der von den Panzern abgeschossenen Granaten und Geschütze und das Heulen der Stalinorgeln. Die Möglichkeit, aus Danzig herauszukommen, hatte sich somit zerschlagen, die Russen hatten die Stadt umzingelt und der Rest der deutschen Soldaten lag überall herum. Viele verwundete Soldaten wurden auf Pferdewagen nach Gotenhafen gebracht, um sie dort auf die Schiffe zu verladen. Die Straßen in diese Richtung waren voll von Menschen – Kindern, Soldaten, alten Leuten auf Handwagen, Verwundeten. Parteimenschen in ihren Uniformen zogen mit Pferden einen großen Wagen, auf dem bunt bemalte und in Pelzen gekleidete junge Mädchen saßen und kostbare Möbel, Koffer und ein Klavier geladen waren. Sie verschafften sich mit ihren gebrüllten Befehlen eine freie Straße. Über diese Verlogenheit der Parteibonzen regten sich die verwundeten Soldaten sehr auf und schossen in die Luft.

Die große Hoffnung war die in Gotenhafen vor Anker liegende „Wilhelm Gustloff". Viele Familien marschierten mit ihren Genehmigungen dorthin, aber viele sind nicht angekommen. Einige traten den Rückmarsch an, ohne zu wissen wohin. Die Menschen saßen mit ihrem Rucksack auf der Straße oder irgendwo in einem Keller und warteten. Hin und her laufende, uniformierte Jungen schrien den Menschen in der brennenden Stadt zu, sie sollten in Richtung Hauptbahnhof gehen und dort abwarten. Züge würden bereitgestellt.

Jeder in unserer Familie nahm seinen Rucksack und wusste, auf wen er aufzupassen hatte. Wir waren bereit zum Losmarschieren. Alle anderen Bewohner des Hauses hatten den Keller schon verlassen. Zwei Familien Richtung Gotenhafen, andere mit einem großen Auto Richtung Stettin. Das im Erdgeschoss lebende Arztehepaar Dr. Hanninger war mit einem Teil seiner Praxis in einem großen Auto abgeholt und in Richtung Stadtmitte gefahren worden. Beim Verladen hatte es sehr böse Worte gegeben, die Uniformmänner schimpften und schrien wütend auf die beiden ein und bedrohten sie mit Gewehren. Vor unserem Wohnhaus und am Damm lagen verwundete Soldaten und alte Leute, außerdem Kinder, die ihre Eltern verloren hatten. In der Hauseinfahrt drängten sich

Menschen, die den Arzt dringend brauchten. Aber hier war keine Hilfe mehr zu erwarten und die Menschen liefen in alle Richtungen davon.

Unsere Familie fand sich in diesem Durcheinander wieder und unsere Mama gab die Anordnung, zusammenzubleiben und aufeinander aufzupassen. Sie schob den Kinderwagen unserer kleinen, zehn Monate alten Schwester Karin, die wir alle sehr lieb hatten. Zum Hauptbahnhof bildete sich eine sehr große Marschkolonne mit Kinderwagen, Handwagen und sonstigen Lastenkarren, auf denen Kinder und alte Menschen saßen. Anfangs überholten sie uns noch, aber das änderte sich bald.

In der Dunkelheit erhellte die brennende Stadt vor uns den ganzen Himmel. An der der nächsten Straßenkreuzung bei der kleinen Post, gegenüber dem Gasthaus Schulte, fielen einige Männer über uns her und schnitten uns die Rucksäcke vom Rücken. Danach erklärte uns die Mama, dass das wohl freigelassene Häftlinge gewesen seien, und wir gingen weiter.

Mama wählte jetzt einen anderen Weg, der nicht so voll war. Wir gingen hintereinander, in der Mitte der Straße. Plötzlich mussten wir alle stehen bleiben: Vor uns fielen Bomben, die schon zerstörten Wohn- und Amtshäuser wurden noch einmal getroffen und auch die noch stehenden Wände krachten nun zusammen. Vor uns schlugen große Flammen aus den Fensterlöchern und Türen. Überall brannte es. Menschen schrien und trugen die Toten auf die Straße. Wir mussten abwarten, wo die nächsten Bomben abgeworfen wurden. Auf den restlichen Bürgersteigen lagen Tote unter den Trümmern, halb verbrannte Körper von Erwachsenen und Kindern mit erstarrten Ge-

13

sichtszügen. Mama forderte uns immer wieder auf: „Nicht hinschauen, weitergehen." Unsere kleine Schwester hatte auf ihren Kinderwagen so viele Dinge gepackt bekommen, dass Mama Bedenken bekam und viele Sachen einfach wegwarf.

Wir gingen immer weiter und weiter, um die angekündigte Möglichkeit zu nutzen, eventuell gerettet zu werden. Unzählige Menschen waren in alle Richtungen unterwegs. Die Straßen waren übersät von Koffern, Rucksäcken, Kinder- und Handwagen. Einige Soldaten suchten sich das Nötigste heraus und liefen davon. Auf dem Boden lagen Frauen mit Kindern in den Armen, die von einstürzenden Mauern erschlagen worden waren, Weinende standen daneben.

Leider gab es keine Möglichkeit, den Männern in den Flugzeugen zu sagen: „Hier unten ist alles zerstört und es brennt noch überall. Ihr könnt aufhören und nach Hause zu euren Familien fliegen." Immer wieder brachten neue Flieger weitere Bomben, die Sirenen kündigten die neuen Ereignisse gar nicht mehr an. In den Straßen war eine Hitzewelle entstanden, die nicht mehr auszuhalten war. Auf einmal hielten uns Männer auf und sagten uns, dass die Straße in der Mitte total weggebombt sei. Ein tiefes Loch wie ein Krater war entstanden. Die zwei großen Hügel wurden mit den Straßenbahnschienen verbunden. Trotz aller Ernsthaftigkeit kam mir die Frage, wie man die Straßenbahnschienen von dort oben wieder herunterbekommen wollte. Unsere Mama wanderte zügig weiter durch Nebenstraßen, die wir sicher schon einmal gelaufen waren, Richtung Hauptbahnhof.

Nachts legten wir eine kleine Pause ein. Wir Kinder hatten Hunger, aber es konnte nichts geben, denn die Rucksäcke mit dem Essen waren uns ja gestohlen worden.

Mama suchte in einem zusammengefallenen Wohnhaus einen Rastplatz für uns. Wir setzten uns um sie herum und jeder von uns hatte sie im Griff, entweder fasste er eine ihrer Hände oder einen Mantelärmel oder legte die Hand um den Körper unserer Mama. So waren wir alle versorgt mit ihrer Liebe, ihrem Vertrauen und ihrer Zuneigung. Es dauerte nicht lange, bis es auf den Straßen unruhig wurde. Mama entschied, mit uns in Richtung Hansaplatz zu gehen, jedoch die vielen Menschen umrundend, die ebenfalls zu dem Sammelplatz wollten. In der Nähe des Staatstheaters erblickte ich mit Erstaunen, dass von dem so großen schönen Hotel Danziger Hof nur noch eine hohe Wand stand, an der noch die ursprünglichen Toiletten hingen. Welch grausamer Anblick! Mir kam trotz Angst und Not bei solchen Gebilden der Gedanke, dass der Mensch das nicht geschaffen haben könne.

Wir hatten uns alle wieder versammelt und Mama führte uns mit unserer kleinen Schwester im Kinderwagen an. Es dauerte nicht lange und die Flieger warfen erneut Bomben ab. Die Menschen wussten nicht wohin und liefen schreiend durcheinander. Wir folgten unverdrossen der Mama und gerieten auf die Langgasse, wo die brennenden Gebäude etwas weiter von der Straßenmitte entfernt standen. Die Straße war übersät von Leichen. Ein von Granaten getroffener Feuerwehrwagen lag zertrümmert auf dem Bürgersteig. Einige der toten Feuerwehrleute hatten noch ihre Helme auf. Ihre Körper jedoch waren zerrissen, geteilt oder total zerstückelt und lagen überall herum. Unsere Mama versuchte, uns Kinder davon abzulenken, was die Erde sichtbar zu bieten hatte. Oft habe ich mich fragend an den lieben Gott gewandt: „Lieber Gott, was hast du hier zugelassen?"

Vor ihrem Abschied hatten unsere Eltern einige Dinge abgesprochen, zum Beispiel wo wir die nächsten Tage und Nächte verbringen würden, damit der Vater uns finden könnte, denn er hatte nicht vor, in russische Gefangenschaft zu gehen oder sich kurz vor Kriegsende noch umbringen zu lassen. Ungewollt erreichten wir die Marienkirche. Sie strahlte für uns die Möglichkeit einer weiteren Lebenszeit aus. Wir setzten uns auf die Stufen des Altars und umringten Mama. Außerhalb der Kirche war die Hölle los. Wir hörten das Sausen der Bomben, bevor sie einschlugen. Um die Marienkirche herum mussten mehr Bomben gefallen sein als nötig gewesen wären, um alles zu zerstören. Eine unbeschreibliche Angst überwältigte uns, und Mama versprach uns, dass die Marienkirche nicht von den Bomben getroffen werde, das ließe der liebe Gott nicht zu. Außer uns waren noch einige Leute in der Kirche und beteten. In der Mitte der Kirche standen zugenagelte Transportkisten, die auf den Abtransport warteten. Der Krieg war zu schnell gekommen, jetzt waren sicher die Verantwortlichen verschwunden.

Mama betete mit uns, wobei sie gen Himmel schaute, dass der liebe Gott die Zerstörung der Marienkirche nicht zulassen möge. Die Zahl der Bomben ließ etwas nach, bis endlich gar keine mehr fielen. Draußen brannte alles. Ich lief um die Kirche herum und erkundete, durch welche Straße wir weitergehen könnten. Mama dankte Gott in einem Gebet für die Erhaltung der Marienkirche. Ihre Schilderung, was genau mit dem Vater abgesprochen war, machte uns Mut und wir marschierten los. Alle Kinder wollten von Mama an die Hand genommen werden, sie war für uns die große Hoffnung auf dieser Welt. Aber sie hatte ja nur zwei Hände und schob auch noch einen Kinderwagen.

D er Tageszeitenwechsel wurde von uns Kindern stark wahrgenommen. Die Nacht erschien uns am sichersten, aus welchem Grund auch immer. Am Tag mussten wir immer bereit sein, uns zu verstecken.

Das vor dem Krieg erkennbar Schöne und für uns Kinder übergroß Erscheinende in unserer lieben Stadt Danzig, die einst vorhandenen Gebäude, Straßenzüge, Brücke und Denkmäler lagen nun in Trümmern und qualmten. Das brachte den echten Danziger Hansebürger zum Weinen. Es gab keine Freunde mehr, die sich auf der Straße zuwinkten. Es gab keine gut gekleideten Frauen und Männer mehr, die sich höflich grüßten.

Meine wunderbaren Erinnerungen an liebe Menschen beinhalten ein wichtiges Erlebnis. Die mir vom Vater übertragene Aufgabe, zum Fischmarkt zu gehen und den von Mama bestellten guten Fisch abzuholen, war für mich ein großes Ereignis, auf das ich mich sehr freute. Ich musste immer den gleichen Weg gehen, Abweichungen wurden nicht zugelassen, denn ich hätte mich ja verlaufen können – und es gab ja so viel zu sehen, was die Erledigung der Aufgabe ohnehin verzögerte. Die Fischverkäuferin am zweiten Stand rechts vom Eingang erwartete mich schon. Sie hatte mich sehr lieb, nahm mich zur Begrüßung in die Arme und gab mir einen Kuss auf die Wange. Ich ließ das über mich ergehen, denn der Lohn dafür waren immer eine Tasse Kakao und ein Brötchen. Danach durfte ich hinter dem Verkaufsstand sitzen, im Winter diente ein Feuerkübel als Heizung. Nach der genüsslichen Erledigung folgten noch einige gute Ratschläge: „Pass gut auf, wenn du über die Straße gehst!" Dann bekam ich ein Paket in die Hand gedrückt und liebe Grüße an die Mama und an meinen guten Vater in Polizeiuniform mit auf den Weg.

Wir zogen weiter Richtung Hansaplatz. Am Abend sortierte Mama wieder einmal die große Familie und schaute ehrfurchtsvoll und mit einem dankbaren Gesichtsausdruck zurück zur Marienkirche. Eine Mutter mit schreienden Zwillingen schloss sich uns an. Vier Männer in Uniform mit einer Rotkreuzarmbinde marschierten schimpfend vor uns her und teilten den Verwundeten mit, dass ihre Hilfsmittel beim letzten Angriff in der Nähe der langen Brücke verbrannt seien. Die Straßen und Wohnhäuser zeigten sich in einem wütenden Zustand. In einem Vorhof brannten Treibstoffbehälter und die daneben stehenden Fahrzeuge. Die Soldaten mit der Rotkreuzbinde liefen in den Vorhof und wollten die Verwundeten retten. Eine Explosion größeren Ausmaßes unterbrach jedoch die Aktion und die Helfer brachten sich schnell in Sicherheit. Die hin und her laufenden Soldaten hatten ohnehin kein Ziel und setzten sich zu den verstorbenen Menschen.

Wir mussten eine Pause einlegen, denn wir waren total erschöpft und hungrig. Nur stundenweisen Schlaf hatte es in den letzten Nächten oft im Dreck einiger Hinterhöfe gegeben. Die Offenbarung, dass für uns Kinder bis auf Karin kein Essen mehr vorhanden war, ließ uns kalt. Wir hatten die Illusion, beim Vater auf der Polizei versorgt zu werden. Mamas Ermutigung half uns sehr: „Los auf, ihr Kinder, wir gehen zum Vater." Diese Aufforderung gab uns Kraft und wir waren schnell auf den Beinen. Die Erscheinung eines großen, verbrannten Mannes, der mit zum Himmel ausgestreckten Armen auf der Straße lag, gab mir ein Rätsel auf: Wie kann ein so großer Mensch so klein werden, nur durch das Feuer? Mama wiederholte immer wieder ihre Aufforderung: „Kinder nicht hinsehen, der liebe Gott wird das richten."

Zum Glück fielen keine Bomben mehr. Wir hatten noch einen weiten Weg vor uns und konnten erkennen, dass immer mehr Menschen in zwei Richtungen drängten, zum Bahnhof und zum Hansaplatz. Viele Familien wurden auseinandergerissen, viele Menschen liefen traurig durch die Straßen und suchten Kinder und alte Leute.

Plötzlich hielt ein kleiner Bus neben uns, zwei junge Männer in Uniform sprangen heraus und forderten uns auf einzusteigen. Sie würden uns nach Gotenhafen bringen, von wo aus uns die Kriegsschiffe nach Schweden brächten. Die Aktion laufe nur noch heute Nacht. Darauf hatten wir die ganze Zeit gehofft und stiegen ein, zum Schluss Mama mit dem Kinderwagen, als eine widerliche Befehlsstimme erschall: „Keine Mutter und auch keine Kinderwagen werden mitgenommen." Nach dieser Ansage vergingen keine drei Sekunden und wir Kinder veranstalteten mit einem ohrenbetäubenden Geschrei ein Riesendurcheinander. Keines meiner Geschwister wäre je ohne unsere Mutter weggefahren. Daraus ergab sich eine wilde Unterhaltung mit diesem Verbrecher in hellbrauner Uniform. Ein in der Nähe stehender Soldat, noch keine 16 Jahre alt und verwundet, holte mit seiner Krücke aus, schob den für uns so bösen Menschen beiseite und stieg selbst ein. Wir verließen den Bus. Unsere Familie, ohne unseren Vater, den wir schon in Russland vermuteten, wäre lieber gemeinsam in den Tod gegangen, als sich zu trennen. Später erklärte uns die Mama, dass sie damit gerechnet habe, bereits in der Marienkirche ums Leben zu kommen.

Wir hatten Mühe, alle zusammenzubleiben. Mama meinte, dass wir schon in der Nähe vom Hansaplatz seien und nur feststellten müssten, wo sich der Eingang des Bunkers befände, um nicht unnötig um den ganzen Platz zu laufen, denn für einen Weg von gewöhnlich zehn Minuten benötigten wir etwa 40 Minuten. Es ging wieder los, Bomben fielen vom Himmel auf die Innenstadt. Die hätte man sich sparen können, denn hier gab es nichts mehr zu zerstören. Die noch um den Hansaplatz stehenden Häuser brannten und erleuchteten das ganze Geschehen, ja sogar einige Flieger waren deutlich zu erkennen. Wir steuerten den Aufbau am Bunker an, der vermuten ließ, dass dort ein Eingang sein konnte. Wir hatten uns in drei Gruppen aufgeteilt, Mama bildete mit dem Kinderwagen die letzte Gruppe. In gebückter Haltung und an beiden Händen je einen Bruder erreichte ich den Bunkereingang. Erstaunlicherweise waren hier bis auf einige uniformierte Brüder Adolf Hitlers nur wenige Menschen, der Bunker war kaum besetzt. Ich suchte einen geeigneten Platz für uns alle. Meinen Brüdern riet ich aufzupassen. Mit meinen neun Jahren musste ich schon viel Verantwortung übernehmen. Wir waren eine große Familie, in der jeder jeden brauchte. Ich gab meinen Geschwistern das Zeichen zu kommen. Während die Bomben näherkamen, lief ich auf die andere

Straßenseite und half meiner Mutter und der kleinen Schwester, ebenfalls in den Bunker zu gelangen.

Die Familie setzte sich ganz eng zusammen. Mein Bruder Hubert sagte: „Jetzt fehlt uns nur noch der Vater und dann bleiben wir hier." Mama nahm weinend einen kleinen Behälter und erhitzte über einer Kerze etwas Wasser, um Karin mit Milchpulver Essen anzurühren. Von den Dingen, die wir mitgenommen hatten, war kaum noch etwas vorhanden. Deshalb sagten wir der Mama nichts von unseren Hunger, aber sie wusste sicher, wie es in uns aussah. Da in diesem Bunker eine Krankenstation eingerichtet war, mussten auch Ärzte anwesend sein. Es dauerte nicht lange und durch die Tür mit dem Roten Kreuz trat eine Dame, die wie Frau Dr. Hanninger aussah, die mit ihrem Ehemann ihre Arztpraxis und Wohnung in unserem Wohnhaus gehabt hatte. Was war das für eine Überraschung, denn wir hatten das Drama miterlebt, als beide zwangsweise abgeholt worden waren. Frau Dr. Hanninger und unsere Mama fielen sich in die Arme und weinten bitterlich. Die Ärztin erzählte von ihrem Sohn. Hans Dieter wird zu dem Zeitpunkt wohl 16 Jahre alt gewesen sein. Er war ein großer Freund aller Uniformen und wir gehen davon aus, dass die Verantwortlichen seinen Jahrgang noch an die Front schickten, um die Dummheit zu bestätigen, den Krieg noch gewinnen zu wollen.

Bomben fielen auf den großen Hansaplatz, unsere Bunkerdecke. Ich lief zum Ausgang und wollte unserer Mama berichten, wie es weitergehen könne.

Kaum hatte ich den halben Weg bis zum Eingang geschafft, als es in der Nähe des Versorgungsbereichs für Luft, Strom und Wasser einen lauten Bombeneinschlag gab. Ich blieb stehen, meine Geschwister und die Mama hatten unter den Bänken Schutz gesucht. Lautes Geschrei war zu hören und Körperteile der braun uniformierten Wachen flogen herum. Ich lief zurück zu meiner Familie. Wie versprochen besuchte uns Frau Dr. Hanninger noch einmal und besprach mit Mama etwas ganz Wichtiges. Sie vertraute ihr das Geheimnis an, dass sie und ihr Mann sich vergiften würden, und bat Mama, doch bitte in einer halben Stunde im Krankenzimmer nach ihnen zu sehen. Ich bekam einige Worte mit.

Mama weinte sehr und beide Frauen nahmen sich zum Abschied noch einmal in die Arme. Frau Dr. Hanninger verabschiedete sich auch von uns Kindern und streichelte jedem über den Kopf. Angestrengt schaute sie zu Karin in den Kinderwagen, drückte dann ganz fest die Hand meiner Schwester Rosemarie und wischte sich die Tränen ab. Schließlich ging sie zurück zum Krankenzimmer, blieb noch einmal kurz stehen und schaute sich um.

Der Bombenhagel vor zwei Stunden hatte nicht nur Menschenleben gekostet, sondern auch großen Sachschaden angerichtet. Das Licht war ausgegangen und Wasser drang in den Bunker ein. Angesichts des steigenden Wassers stellten wir den Kinderwagen auf die Bank und setzten uns auf die Bankrücklehnen. Die Versorgungsanlage des Bunkers war wohl getroffen worden.

Schließlich ging unsere Mama zum Arztzimmer. Es dauerte nicht lange und sie trat kopfschüttelnd und weinend aus dem Raum. Meine große Schwester Hanna, 17 Jahre alt, bekam alles genau mit und umarmte Mutti. Der tragische Entschluss, aus dem Leben zu scheiden, rührte von dem Kummer her, den schlechten Erlebnissen und der Angst vor dem Erwarteten, vor den Befürchtungen, die den russischen Soldaten vorauseilten – wobei angemerkt werden muss, das Gleiche haben auch deutsche Soldaten getan.

Unaufgefordert ging ich zum zertrümmerten Ausgang, um nach einer Möglichkeit zu suchen, den Bunker zu verlassen, denn das Wasser stieg immer weiter. Wir mussten schnellstens hier raus. Der Kinderwagen musste ohnehin schon getragen werden. Auf halbem Weg dachte ich an die Abschiedsworte von Frau Dr. Hanninger. Ich konnte es nicht unterlassen, in das Krankenzimmer zu schauen. Dort saßen zwei mir vertraute Menschen, gut gekleidet in zwei Sesseln und hielten sich an den Händen. Sicher hatten sie einen ganz ruhigen Tod gehabt, denn in ihren Gesichtern stand geschrieben: „Wir haben uns erlöst." Ich war sehr benommen und empfand das Geschrei am Ausgang als widerlich. Meine Mama beobachtete mich und schüttelte nur leicht den Kopf. Sie sagte leise: „Das ist der Kurt Paul."

Das erinnert mich an ein anderes Erlebnis, das ich aus einem Versteck beobachtete: Ein Mann und eine Frau standen vor einem brennenden Wohnhaus. Aus dem vierten Stock schrie die Tochter mit zwei kleinen Kindern um Hilfe, das ältere Ehepaar unten konnte nichts machen. Die junge Frau sprang mit ihren beiden Kindern, die sie sich an den Körper gebunden hatte, in die Tiefe. Auch hier fand eine Erlösung statt: Die

Mutter war nun für ewig mit ihren Kindern zusammen.

Die Menschen wollten jetzt alle den Bunker verlassen und versperrten den Ausgang. Mama wollte erst den weiteren Weg mit uns besprechen, um nicht von der Masse hilfesuchender Menschen geschoben zu werden. Draußen war es ruhig, Bomben fielen keine. Wir Kinder waren in einem schlechten Zustand, hatten nichts zu essen, der wenige Schlaf machte uns ungewollt zu mechanisch mitlaufenden Menschen, die nur noch die Aufgabe sahen, Mama zu folgen. Der Gedanke an Vaters Polizeibunker hielt uns aufrecht. Wir hofften, dort etwas Essbares zu finden und auf den Feldbetten schlafen zu können. Geordnet verließen wir den Bunker und verkrochen uns hinter der Mauer eines ausgebrannten Wohnhauses. Aus den oberen Stockwerken der Häuser stürzten gewaltige Mauerreste auf die Straße und verschütteten immer wieder Menschen. Wir Kinder waren misstrauisch und unsicher. Die Frage aller Geschwister lautete, ob es wirklich sicher sei, dass wir alle wieder zusammenkämen.

Johanna und ich, der älteste Bruder, übernahmen freiwillig die erste Flucht zum Polizeibunker. Ich schaute noch einmal unsere Mama an und in den Kinderwagen, dann machten wir uns auf den Weg. Es war Nacht, nur die brennenden Häuser erhellten die Nachthimmel. Es gab keine Flieger und doch schlugen in der Nähe Granaten ein, die Sprengungen waren riesig. Wo kamen nur die vielen Soldaten her und die Männer ohne Uniformen mit Gewehren und Panzerfäusten? Man hörte von den Soldaten, dass immer noch Gotenhafen und das Kurische Haff die Rettung bedeuteten. Wir nutzten die nicht mehr bestehenden Wege zwischen den Trümmern und wurden von unbewaffneten Soldaten aufgeklärt, wie wir uns zu verhalten hätten. Die anrauschenden Granaten, die kein Feuer mitbrachten, konnte man früh genug hören und sich dann sofort auf die Erde werfen. Wir liefen weiter und passten mit den Ohren auf. Die vor uns in alle Richtungen laufenden Soldaten waren ein Warnzeichen, denn sie hatten im Krieg gelernt, die ankommenden Granaten zu hören. Wir brauchten uns nur nach ihnen zu richten und uns auf die Erde zu werfen und wieder weiterzulaufen, wie sie es uns vormachten. In den Löchern der zusammengefallenen Häuser fanden wir immer mehr Soldaten mit fehlenden Armen und Beinen, den Kopf völlig mit Binden zugewickelt, hilflos dort liegend. An keinem der Verbände war auch nur ein weißer Fleck zu sehen. Einige Soldaten hatten sich in einen Innenhof verkrochen und teilten untereinander zwei Soldatenbrote auf. Meine Schwester und ich konnten in unserem Zustand nicht widerstehen und stellten uns dazu. Diese jungen und alten verwundeten Soldaten, vom Krieg geheilt, nahmen uns in ihre Gruppe auf und gaben uns ein Stück Brot ab, das wir mit Leidenschaft aßen. Schon der Geruch verwandelte uns das Brot in Kuchen.

Mit einem Dankeschön und den an die Verwundeten gerichteten Worten meiner Schwester: „Hoffentlich findet man euch, ihr braucht Verbände!" zogen wir weiter und erreichten lebend das Polizeigebäude. Hoffentlich schafften es auch unsere Geschwistern und die Mama! Bald mussten wir feststellen, dass es nichts Essbares mehr gab. Im Kellerbereich hatten sich schon junge Frauen mit ihren Kindern eingerichtet.

Der Keller war durch Stahlgitter in viele kleine Räume unterteilt. Die Gitter waren zum Teil mit Tüchern behängt. Hier hielten sich Angehörige der

Polizeibeamten auf. Die Kinder spielten in einem großen Raum, der ursprünglich ein Büro war. In einem Nebenraum lagen Polizeiuniformen auf dem Fußboden, mit denen man 50 Polizeibeamte hätte ausrüsten können. Es wurde Mitternacht. Vom Flur hörten wir Stimmen: Mama und die Geschwister waren eingetroffen. Die Freude war riesengroß und Tränen rollten. Wir besetzten einen Platz mit dreistöckigen Betten. Ich konnte hören, wie Mama mit den großen Schwestern über den Verbleib des Vaters sprach. Da ich nicht schlafen konnte, stand ich auf und ging auf Erkundigung. Ein älteres Ehepaar, so alt wie Oma und Opa, saß in dem großen Raum auf dem Boden und verteilte an die Kinder etwas Essbares. Wo kamen nur auf einmal die vielen Kinder her? Ich stellte mich dazu und die liebe Oma gab mir unter Tränen den Rest eines Brotes.

Die Gespräche der Menschen im Keller lösten Angst aus. Plötzlich gewannen wir den Eindruck, dass es in der ganzen Stadt keinen anderen Platz mehr als den Polizeibunker zum Unterkriechen gab. Zahllose Menschen strömten herbei. Auf einmal schrien die Kinder und die Frauen: „Die Russen kommen!" Alle noch halbwegs gesunden deutschen Soldaten liefen auf und davon. Im Keller trat eine Ruhe ein, die nur aus einer großen Angst entstanden sein konnte. Wir stellten uns zwischen die dreistöckigen Betten. Meine Schwestern hatten sich absichtlich mit Kopftüchern verkleidet, knieten auf der Erde und hielten Mamas Hände. Wir nahmen sie in unsere Mitte, damit sie sich geschützt fühlten. Auf einmal drang von der Treppe her Geschrei. Auf der gegenüberliegenden Straßenseite wurde aus den Fenstern geschossen, Handgranaten flogen auf die Straße. Wir hatten schon vorher festgestellt, dass dort eine bewaffnete Gruppe junger Männer eingezogen war, die auf die Befehle eines SA-Manns hörte und auf die vorbeifahrenden russischen Panzer schoss. Ohne Erfolg, denn die Russen nahmen mit einigen Soldaten das Haus ein und die Jungen gefangen. Vor dem Kellereingang lag ein großer Haufen von Gewehren und sonstigen Waffen der Reichswehr.

Die fremdsprachigen Soldaten stürzten in ihren dunkelbraunen Uniformen auch zu uns in den Keller. Jeder von ihnen trug eine Waffe – ein Gewehr oder eine Maschinenpistole. Wir befürchteten, jetzt alle erschossen zu werden. Die Soldaten gingen drohend mit ihren Waffen auf uns los und schrien nach Uhren und rissen die Frauen aus ihrem Familienzusammenhalt heraus.

Dieses so furchtbare Erlebnis sollte mich in den folgenden Jahren nicht mehr loslassen, sodass bei mir manchmal der Eindruck entstand, in meinem Kopf fände ein Kampf mit der Bitte statt, so etwas Furchtbares nicht gesehen zu haben. Die Zeit im Polizeibunker erhob sich an Brutalität und Menschenunwürde über alles, was ich bis dahin erlebt hatte.

Ich bin heute noch sehr traurig, wenn mir diese Erlebnisse im Traum erscheinen. Aber ich möchte sie dringend aufschreiben, sie gehören zu meiner Biografie.

Mütter knieten auf dem Boden und baten die Soldaten, sie zu nehmen und die Töchter gehen zu lassen. Sie rissen einem kleinen schreienden Mädchen die Kleider vom Leibe, zwei Soldaten legten es auf einen Tisch und hielten es fest. Mehrere Soldaten beteiligten sich daran, die Seele des Mädchens zu zerstören, wobei sie lachten und schrien. An ein Ende dieser Zerstörung und Schändung war nicht zu denken. Diese Männer übergaben sich der Rangordnung entsprechend die Schnapsflasche und machten einen Festakt daraus. Diese von mir so getauften Halbtiere besetzten jetzt den großen Raum, in dem sich außer uns noch weitere Familien aufhielten. Wir umringten unsere Mama und wussten nicht mehr, was wir machen sollten. Drei russische Soldaten kamen auf uns zu und schubsten uns beiseite. Sie griffen zur Mama. Einer der Russen hatte verstanden, dass wir unsere Mama nicht herauslassen wollten, zog eine Pistole und drückte sie unserer Mama an den Kopf. Wir schrien und hielten die Mama ganz fest. Der Soldat steckte seine Waffe wieder ein und ließ von ihr ab. Dann griff er zu den Kopftüchern meiner Schwestern und riss sie ab. Unverkennbar kamen dort zwei junge Mädchen mit blonden Köpfen zum Vorschein. Ich wünschte mir, ein Riese mit viel Kraft zu sein, um die Schwestern retten zu können. Nun war alles verloren und mit Schlägen und Tritten jagte man uns beiseite. Die Mädchen rissen sich los und wollten unter die Betten kriechen, aber man schlug auf sie ein und nahm sie mit.

Mutters Gedanken gingen bestimmt zum lieben Gott und ließ sie für ihre zwei Töchter beten. Eine kleine junge Frau, sie war schwanger, kam weinend in den großen Raum. Ihre Hose schleifte auf dem Boden, mit beiden Händen hielt sie sich ihren dicken Bauch. Eine Oma kümmerte sich um ihre zwei Enkel, Mädchen im Alter von 15 und 16 Jahren. Es war grauenvoll, was sie erleben mussten. Ich habe das Furchtbare zwangsläufig mitansehen müssen, die Räumlichkeiten ließen nichts anderes zu. Die Menschen, die auf dieser

Erde als Männer bezeichnet wurden, hatten keine Scham. Wo war die Grenze im Kopf und in der Seele, so etwas dem anderen Menschen nicht antun zu können? Sie war dem Krieg zum Opfer gefallen. Diese zwei Mädchen weinten und riefen vor Schmerzen nach der Oma und der Mama. Mehrfach wurden sie vergewaltigt.

Manchmal führen mich meine Erinnerungen zurück zu folgender ungehorsamen Situation. Ich sitze im Unterricht der evangelischen Christen. Die Lehrerin, Frau Becker, sprach von Vergebung und davon, dass nur das Gute in einem Menschen Platz habe: „Ihr sollt um Vergebung bitten. Ihr sollt euch dem Christentum unterwerfen, um anerkannt zu werden." Da glitt mein Blick ungewollt nach draußen zu einem kleinen Vogel auf der Außenbank. Ich schaute ihn an und musste weinen. Mir fiel die brutale Sache mit dem kleinen Mädchen und den Müttern, die schutzlos der Gewalt der russischen Soldaten im Polizeibunker ausgeliefert waren, ein. Die Lehrerin muss mich wohl einige Male aufgerufen haben, damit ich wieder am Unterricht teilnahm, jedoch Kurt Paul hatte die von ihr als wichtig ausgesprochenen Worte und einen Teil der so furchtbaren Vergangenheit noch nicht durchdacht und verglichen. Das Wort Vergebung war für mich sehr wichtig, da mein Kopf streikte, bei all dem Erlebten den Zeitpunkt der Vergebung eintreten zu lassen. Ich muss gestehen, dass ich bis heute noch nicht die Möglichkeit der Vergebung im Zusammenhang mit dem Krieg gefunden habe.

Die größte Dummheit einiger Menschen besteht darin, dass sie sich in einem Talar oder auch ohne derartige Verkleidung für die Vertreter Gottes halten. Ich bin ein gottgläubiger Mensch, ich habe ihn mir selbst gesucht und benötige die Menschen nicht, die mir erklären wollen, wie ich meinen Glauben an Gott finde. Vieles ist unwürdig und wird von denjenigen, die sich für Gottes Jünger halten, nicht bedacht.

Aber der kleine Kurt Paul schaute immer noch gedankenverloren aus dem Fenster und bewunderte den kleinen Vogel. Ich kam erst wieder auf die Erde zurück, als die Religionslehrerin mir mit großer Wucht einen Schlag ins Gesicht versetzte.

Über die Tat, meinen Schmerz und die Erniedrigung den anderen Schülern gegenüber konnte ich keine Träne opfern. Das war mir zu dumm. Wieder einmal hatte ich die Bestätigung erhalten, wie ungerecht einige Menschen mit ihrer Macht umgingen. Es birgt eine große Gefahr, wenn bei solchen Menschen zur Überheblichkeit noch ausreichende Dummheit hinzukommt.

Als die Nacht vorbei war, erwischte ich beim Hinausgehen meine beiden Schwestern, weinend und gezeichnet von den Schmerzen der unmenschlichen Gewalt. Beide rannten zur Mama. Ich wagte nun, die Treppe heraufzugehen, um die Lage zu erkunden. Oben erblickte ich eine große Anzahl deutscher gefangener Soldaten, sie gingen einzeln an einem schon sehr großen Haufen von Waffen vorbei und wurden von den russischen Soldaten durchsucht. Die Straße wurde in der Mitte freigehalten, endlos fuhren Panzer in großer Geschwindigkeit hintereinander her. Die Fahrzeuge, die für die Fußsoldaten vorgesehen waren, wurden mit allen möglichen Dingen beladen, dann stiegen die Soldaten auf und der ganze Trupp fuhr den Panzern schnell nach. Einige russische Soldaten blieben auf der Straße, um alles zu überwachen und nach Soldaten der großen deutschen Armee zu suchen.

Als wir den Keller verließen, sahen wir keine russischen Soldaten mehr. Auch keine deutschen. Es war eine Ruhe eingetreten, als ob es niemals Krieg und Bomben gegeben hätte. An der nächsten Straßenkreuzung bemerkten wir, dass auch die russischen Soldaten ihre Verwundeten versorgen mussten. Sie wurden verbunden und auf kleine Panje-Pferdewagen geladen. Bei dieser Gruppe befanden sich zwei deutsche Frauen in Rotkreuzuniformen. Daneben lagen junge Männer in ihren HJ-Uniformen. Ich möchte den Zustand dieser Kinder nicht näher beschreiben, deren durch Handgranaten abgetrennte Glieder in der Gegend herumlagen. Wieder konnten Mütter, Väter und Geschwister ihre Tränen nicht zurückhalten.

Es war mit unserem Vater besprochen, dass wir alle zum Großvater nach Lauenthal gehen wollten. In der Hoffnung, das Schlimmste in diesem Krieg überstanden zu haben, brachen wir auf. Die Bezeichnung „erschöpft" war für unsere Familie eine zu schwache Beschreibung ihres Zustandes. Seit Tagen hatten wir nichts gegessen, wenig geschlafen und nur aufgepasst, am Leben zu bleiben und laufen zu können. Auch unsere kleine Karin hatte nur winzige Mahlzeiten bekommen und die Trockenmilch ging langsam zur Neige. Ganz apathisch lag sie in ihrem Kinderwagen, ihre kleine Nase wurde immer länger. Die von uns ursprünglich mitgenommenen Taschen, Rucksäcke und Schultornister mit den Reserven waren zum Großteil abhanden gekommen. Der richtige Krieg sah nun einmal anders aus, als die Menschen ihn sich hatten vorstellen können.

Kleine Gruppen kriegsgefangener deutscher Soldaten ergaben sich den Russen mit der Unterwürfigkeit eines Tieres. Aus ihren Gesichtern sprachen Hoffnungslosigkeit und wortloses Um-Hilfe-Schreien. Wir kamen nur langsam voran, die Russen hatten die Straße total belegt und veranstalteten mit ihren Pferdewagen eine Art Rennen. Wer sich nicht sofort von der Straße machte, wurde mit Gewehrkolben vertrieben. Rechts und links der schmalen Straße waren Gräben, matschige Felder und Wiesen. Ein altes Ehepaar lag auf dem Bauch neben zerschossenen deutschen Soldaten. Familien saßen neben toten Kühen und schon abgezogenen toten Pferde. Die Menschen umringten die Tierkadaver, um etwas zu essen zu finden. Was nur möglich war, wurde abgeschnitten. Auch hier konnte man feststellen, dass sich der Mensch in seiner Verhaltensweise so verändert hatte, als ob die Erde untergehen würde. Die Russen wunderten sich sehr darüber, dass auch nichtuniformierte Menschen aufeinander losgingen.

Wir nahmen all diese Geschehnisse nicht mehr mit der ursprünglichen Angst auf. Diese Dinge gehörten für uns schon zum normalen Tageserlebnis. Unser einziger Gedanke galt dem Großvater und dem Vater, in der Hoffnung einen von ihnen zu begegnen. Wir blieben alle um unsere Mama herum auf dem Feld sitzen. Wir hatten keine Kraft mehr und wollten aufgeben. Mama sprach uns Mut zu: „Es wird eine Lösung geben, der liebe Gott lässt uns nicht im Stich." Meine kleine Schwester Rosie war in ihrem Arm eingeschlafen, es war unmöglich sie zu wecken. Da es meine Aufgabe war, auf Rosie aufzupassen, packte ich das kleine vierjährige Mädchen auf meine Schulter und weiterging es.

Aus welcher Richtung die Menschen auch verjagt wurden, dorthin zogen ziellos andere Menschen. Jeder schloss sich irgendeinem Treck an. Auf den Feldern und Wiesen kamen uns immer mehr Menschen entgegen. Die voll gepackten Handwagen und Schubkarren blieben im Boden stecken, sodass von den Menschen zwangsweise eine Pause eingelegt wurde. In einem tief im Schlamm eingesunkenen Handwagen saß eine alte, gehbehinderte Oma. Der Karren konnte nicht mehr gezogen werden. Ich sah nur noch, dass einer der Jungen bei der Oma bleiben musste, während der Rest der Familie in Richtung Stadt weiterzog.

Wir waren am Ende unserer Kräfte und blieben diese Nacht neben einem Baum liegen. Ich konnte die Gedanken meiner Mama an ihren verzweifelten, hoffnungslosen Augen ablesen. Die Erlösung, an die sie sicher dachte, war der Tod, aber der liebe Gott sollte uns alle gemeinsam nehmen.

Die ganze Nacht über hörten wir Panzer und Autos mit Geschützen sowie Soldaten, zwischendurch schreiende Frauen und Mädchen, die vergewaltigt wurden. Der Morgen kam und nichts hatte sich verändert.

Nur langsam kamen wir vorwärts. Mit meiner kleinen Schwester Rosie auf dem Rücken war ich der letzte in der Marschordnung meiner Familie. Nachmittags trafen wir in Lauenthal ein. Der Großvater saß auf einem Holzklotz in seinem kleinen Garten. Er war sehr traurig. Wir setzten uns an den Holzstall und beobachteten die Mama und ihren Vater, beide umarmten sich weinend. Vor dem Hauseingang wieder das gleiche brutale Vorgehen der Russen wie im Danziger Polizeibunker. Betrunkene, um sich schießende Soldaten holten sich die Frauen und Mädchen, die Vergewaltigung fand in aller Öffentlichkeit statt. Einige Soldaten lagen betrunken oder schlafend am Straßenrand.

Im Opas Garten fanden wir ein frisches Grab, die Schaufel und die ausgegrabenen Steine lagen noch daneben. Unsere Mama erzählte uns, dass Opa dieses Grab für Robert, seinen Sohn und ihren Bruder, ausgehoben hatte. Er war kein Soldat, sondern im Hafen bei den Schiffen beschäftigt gewesen. Unser Großvater erzählte uns weinend, was geschehen war. Ein betrunkener russischer Soldat hatte sich einen Spaß daraus gemacht, auf Onkel Robert zu schießen, jedoch immer knapp daneben. Robert wollte sich retten und sprang in den Garten hinter den Holzhaufen. Der Russe zog ihn am Kragen hervor, legte den Revolver an den Hinterkopf und drückte ab. Großvater, der daneben stand, konnte nichts machen. Onkel Robert war sofort tot. Opa legte ihn auf eine Decke und steckte ihm das Kreuz aus der Wohnung in die Hände. Die ganze Nacht wachte er draußen bei seinem Sohn und schaufelte dann im Garten ein Grab und beerdigte ihn. Nach all dem Erlebten hatte Opa nur noch einen Wunsch, er wollte sterben: „Ich möchte nicht mehr auf dieser Erde sein." Er weinte bitterlich.

Er gab uns den Rat, weiter in Richtung Ostsee zu gehen, da gebe es viele verlassene Bauernhäuser, in denen wir wohl unterkommen könnten. Jeder von uns bekam ein Stück Brot und zwei gekochte Kartoffeln. Mehr hatte er nicht und wir freuten uns über seine Hilfe. Beim Abmarsch sagte er uns ausdrücklich: „Ich bleibe hier, es ist für mich nicht mehr sinnvoll wegzulaufen. Sollte ich umkommen, dann treffen wir uns im

Himmel." Seine Frau, die Oma, hatte er schon vor einigen Jahren durch Krankheit verloren.

Opa war ein großer Anhänger der Kreuzritter und ein Kenner der Geschichte Danzigs. Zu meinem sechsten Geburtstag hatte er mir ein Holzschwert geschenkt, wie es von den Kreuzrittern getragen wurde. Auch einen Teil der Geschichte der Kreuzritter erzählte er mir mit großer Geduld und einem so genauen Wissen, dass ich vor Spannung nur sprachlos zuhören konnte. Alle seine Enkelkinder haben ihn sehr geliebt. Wenn wir ihn im Winter besuchten, was immer eine große Freude war, lag tiefer Schnee. Opa zog uns sofort die Schuhe aus und hielt unsere Füße an den Kachelofen oder in den großen Backofen in der Küche. Dann gab es ein Stück Streuselkuchen und einen großen Topf heißen Tee.

Bevor wir jetzt wieder aufbrechen mussten, half uns Opa beim Stiefelanziehen und drückte uns alle noch einmal. Dann schaute er uns lange hinterher und winkte, bis wir verschwunden waren. Wie mit ihm besprochen marschierten wir über Wiesen und Felder in Richtung Ostsee. Es war noch keine Stunde vergangen und wir glaubten an ein Wunder, als unser Vater hinter uns her gelaufen kam. Um nicht auffällig zu sein, beherrschten wir unsere laute Freude und setzten uns in den Straßengraben. Wir Kinder griffen alle nach einer Hand des Vaters und weinten vor Freude. Papa war nach uns beim Großvater gewesen und hatte von ihm erfahren, auf welchem Weg wir unterwegs waren. Vater hatte es tatsächlich geschafft, die ganze Zeit versteckt zu bleiben und nicht von den Russen gefangen zu werden. Seine traurigen Erlebnisse waren aber unfassbar.

Der Vater schilderte uns den ganzen Ablauf erst, als wir etwas älter geworden waren. In Danzig und Umgebung waren die letzten Männer zusammengetrieben und mit einer Panzerfaust ausgerüstet worden. Unter Bewachung marschierten sie in Richtung Osten an die Front, um den Krieg noch zu verlängern. Es waren etwa 50 Männer, Greise, Kranke und Kinder, nicht älter als 13 Jahre alt. Keiner der Männer wusste, was er dort noch ausrichten sollte, aber jeder hatte dem Befehl zu gehorchen. An einem frühen Morgen wurden sie auf einem freien Feld von Tieffliegern überrascht, ein Großteil der Männer wurde verwundet oder erschossen. Der Rest warf die Panzerfäuste weg und lief schnell vor den nachrückenden Russen weg, man wollte nur am Leben bleiben. Acht der Männer schafften es, die Stadtgrenze zu erreichen, darunter auch unser Vater.

Wir saßen noch immer im Straßengraben, unser Vater übernahm jetzt die Führung der Familie.

Die befestigte Straße sowie die gegenüberliegende Seite waren von den Russen besetzt. Die Panzer fuhren mit hoher Geschwindigkeit Richtung Danzig-Stadt. Auf unserer Seite befanden sich nur ziellos herumlaufende Menschen. Gruppen saßen in einer Runde auf dem schlammigen Boden, der Erschöpfung nahe, Hoffnungslosigkeit und Angst konnte man in ihren Gesichtern ablesen. Plötzlich fuhr ein Kettenfahrzeug mitten durch das Feld, beidseitig liefen russische Soldaten zu den erschöpften Menschenhaufen und sammelten die alten Männer und kleinen Jungen in HJ-Uniformen ein. Diese Menschen wurden mit Schlägen und Gewehrkolben zu den Fahrzeugen gejagt und verladen. Hätte es auch nur einer gewagt wegzulaufen, die Russen hätten ihn erschossen, die Maschinenpistolen waren immer im Anschlag auf die Menschen gerichtet. Auch Männer mit weißen Haaren und einem Krückstock, kaum fähig, durch den Schlamm zu laufen, blieben nicht verschont. So mussten auch wir unseren Vater wieder hergeben. Es war entsetzlich. Papa bekam einen Tritt in den Rücken und stand schnell auf. Ein kleiner russischer Soldat jagte ihn zum Fahrzeug und half mit dem Gewehrkolben nach, bis er auf dem Wagen war. Die Freude, unseren Vater bei uns zu haben, hatte nicht lange gewährt.

Wir drei Brüder liefen hinter dem Wagen her und konnten unseren Vater bis zur nächsten Ecke noch sehen. Er schickte uns noch einige Handzeichen mit der Bedeutung: „Geht zurück zur Mama" und „Ich komme bald wieder zu euch!" – seine vorläufig letzten Lebenszeichen.

Auf unserem Feld war die Hölle los, die Menschen waren wie von Sinnen, sie schrien hinter den alten Männern und den Jungen her, es waren doch noch Kinder. Ich musste lernen, über diese schlimmen Ereignisse nicht mehr so intensiv nachzudenken. Mein Wunsch war es immer, alles zu verstehen, was aber in dieser Zeit der unvorstellbaren Ereignisse nicht mehr möglich war.

Nachdem der Durchzug der russischen Soldaten gestoppt war, trat ein wenig Ruhe ein. Wir versuchten nun, die feste Straße in Richtung Ostsee zurückzulegen, auf der sich ein langer, ungeordneter Treck gebildet hatte. Russische Panzer trieben ihr Unwesen. Was alles von ihnen rücksichtslos niedergefahren wurde, kann man nicht beschreiben – aber man stellte sich doch die Frage, ob das alles noch etwas mit Krieg zu tun hatte. Ein bespanntes Landfahrzeug lag im

Graben, die beiden Pferde hatten keine Beine mehr. Familienangehörige hoben gerade ein Loch für zwei getötete Menschen aus, ein Kind und die Großmutter. In den Gräben lagen Tote und Verwundete, auch deutsche Kindersoldaten – es handelte sich um die Menschen, die vor uns den Treck gebildet hatten, bis die Panzer kamen und alles niederwalzten. Ein großer Kutschwagen, beladen mit verwundeten deutschen Soldaten, lag auf der Straße, über ihn müssen wohl zehn Panzer drübergefahren sein. Die Masse zermalmter, platt auf der Straße liegender Menschen war nur noch erkennbar durch Uniformstücke, Stiefel, Achselstücke und kleine Körperteile, die herumlagen und deren Verband noch sichtbar war. Ich habe nicht nur hinsehen müssen, ich musste auch noch darübersteigen mit meiner kleinen Schwester Rosie auf der Schulter.

Es wurde Abend, unsere ganze Familie sehnte sich nach einer Stelle auf der Erde, die Schutz bot. Also suchte Mama einen Platz hinter einem kleinen Busch, dessen Umgebung nicht so verschlammt war. Wir setzten uns alle um sie herum und warteten auf nichts, wir wünschten nur etwas Schutz vor all dem, was um uns herum geschah. Wir aßen ein wenig von den Gaben des Großvaters und verhielten uns ganz ruhig. Nicht weit von unserem Lager hatte eine Familie ein kleines Feuer entzündet, um sich zu wärmen sowie Wasser und Brot zu erhitzen. Das war der Anlass, dass wieder zwei junge russische Burschen nach Frauen suchten und den Haufen Menschen total durcheinanderbrachten. Nach einer lauten Beschimpfung zweier sehr alter Omas zogen sie laut schimpfend wieder ab und es kehrte Ruhe in diesem Schlammloch ein, das die Panzer gebildet hatten. Unsere kleine Schwester konnte nach Einschätzung unserer Mama nur noch drei Flaschen Nahrung erhalten, dann waren die Vorräte alle. Wir Brüder mussten uns etwas einfallen lassen.

Wir warteten bis zum Morgen und wollten uns dann auf den Weg machen. An Schlaf war unter diesen Umständen nicht zu denken. Die Kleidung war nass und verdreckt, wir froren so sehr, dass in der Familienrunde der nächste, wärmende Körper gesucht wurde. Wir hatten alle keine Kraft mehr weiterzugehen und waren total erledigt. Alle fragten Mama um Rat: „Wir können doch nicht immer in einem so schlimmen Zustand auf der Straße bleiben und uns Menschen im Treck anschließen, die irgendwohin ziehen. Ich bin nicht nur davon überzeugt, ich weiß es ganz genau, dass wir uns alle gemeinsam den Tod gewünscht haben, denn nur der konnte damals die Erlösung sein. Nach kurzer Zeit sahen wir einige Landhäuser und Scheunen. Sofort gingen alle Menschen einen Schritt schneller. Jeder wollte der erste sein.

Ich war meiner Aufgabe nicht mehr gewachsen und nahm meine Schwester Rosie von der Schulter, fasste sie bei der Hand und ließ sie laufen. Das war nicht richtig, denn der kleine Mensch konnte nicht verstehen, warum wir unterwegs waren. Einige russische Soldaten auf LKWs und weitere Kettenfahrzeuge kamen uns auf der verschlammten Straße entgegen. Alle Menschen retteten sich mit Karren, Handwagen und Kinderwagen in den Straßengraben. Meine kleine Schwester hatte sich von mir losgemacht und war im Schlamm stecken geblieben, ich sah nur noch die heranfahrenden russischen Soldaten und sprang aus dem Graben auf die Straße in das Schlammloch, in dem Rosie stand. Eine so schnelle Reaktion bei meiner Schwäche kann mir in dem Augenblick nur der liebe Gott gegeben haben. Ich zog meine kleine Schwester aus dem Loch und warf sie in den Graben. Erst als auch ich mit einem Satz dem Kettenfahrzeug entkommen war, begriff ich die Situation und nahm Rosie in den Arm und lief zur Familie.

Nach einiger Zeit erreichten wir die Häuser und Scheunen. Eine Gruppe russischer Soldaten bewachte den Eingang eines Wohnhauses, in dem wir viele gut gekleidete, saubere Soldaten, mit vielen Orden und Mützen sahen, es waren Offiziere. Wir gingen um das Haus herum und fanden einen Nebeneingang, der zu einigen leeren Räumen führte, die noch Türen hatten. Wir gingen alle in den zweiten Raum, packten die Reste unserer Habe auf den Boden, schlossen Fenster und Türen und verhielten uns ganz ruhig. Nach einiger Zeit konnten wir feststellen, dass Bewegung im Hause war, jedoch in einer ruhigen Form. Ich ging in alle Räume und in den Keller, um nachzusehen, was für uns von Nutzen sein könnte. Ich hatte keinen großen Erfolg, doch fand ich einige Decken mit der Aufschrift „Deutsches Heer". Mama bastelte daraus für uns alle ein Lager auf dem Fußboden. Nasse Hosen und Jacken, Schuhe und Pullover wurden zum Trocknen ausgebreitet. Wir legten uns auf die Decken ganz nah nebeneinander, um uns gegenseitig zu wärmen. Etwas Ungewolltes geschah – die ganze Familie schlief ein und wachte erst nach einigen Stunden wieder auf. Unsere Füße konnten wir nur noch unter Schmerzen bewegen.

Dann ging ich mit meinen siebenjährigen Bruder Hubert auf Erkundung. Die Suche nach etwas Essbarem scheiterte, vor uns hatten schon andere bedürftige

Menschen nichts gefunden. Also machten wir uns auf den Weg zu einem Russenlager, wo wir den warmen Geruch einer Suppe aus der Gulaschkanone rochen und uns nach einem Versteck umschauten. Viele russische Soldaten standen mit ihren Blechbehältern in einer Reihe und erwarteten die Ausgabe. Jeder erhielt einen Behälter voll Suppe und die Hälfte eines kleinen russischen Soldatenbrotes. Wo wir auch hinsahen, überall um uns herum saßen Menschen und aßen, nur wir nicht.

Aber wir wurden in unserem Versteck von den Soldaten erwischt und bekamen Angst, hatten aber nicht den Mut wegzulaufen. Eine kleine Runde von Soldaten winkte uns zu sich. Unsere Furcht vor den Soldaten war an sich grenzenlos, nur der Geruch der Suppe konnte uns umstimmen. Ich fasste meinen Bruder bei der Hand und wir nahmen allen Mut zusammen. Wir konnten nicht glauben, was nun geschah. Ein junger Soldat wurde losgeschickt, um Essen zu holen. Dann erhielt er den Befehl, die beiden Blechdosen mit Suppe und ein Stück Brot an uns zu übergeben. Wir waren fassungslos und ich konnte mich erst etwas freuen, als ich den Behälter fester griff, da ich an so viel Freundlichkeit nicht mehr glauben konnte, es hätte ja ein Versehen sein können. Ich steckte das Stück Brot in die Jackentasche. Wir blieben stehen und aßen aus dem Blechtopf einige Löffel Suppe. Die Soldaten beobachteten uns. Einer schaute mich an und klopfte sich mit der Hand auf seinen Bauch, um mir zu sagen, dass die Suppe ein sehr gutes Gericht sei.

Ich muss gestehen, es war mir eine ganz neue Erfahrung, von Menschen, die uns bisher nur wehgetan hatten, etwas zu essen zu erhalten und überhaupt zu erkennen, dass die russischen Soldaten aus Familien stammten und Mütter, Väter und Kinder hatten, wie es ja nun einmal auf dieser Erde üblich ist.

Nachdem wir einige Löffel Suppe gegessen hatten, dachten wir an die Geschwister und an Mama. Wir gingen drei Schritte rückwärts, was ein älterer Soldat bemerkte. Er versuchte uns klarzumachen, dass wir die Löffel und Behälter zurückbringen könnten, wenn wir aufgegessen hätten. Das war natürlich für uns die Einladung, am nächsten Tag wiederzukommen.

Wir erlebten Freudentränen der Geschwister. Mama verteilte die warme Suppe löffelweise und teilte das Stück Brot auf, sodass jeder von uns einen gleich großen Anteil erhielt. Sie machte das in einer ruhigen Sachlichkeit und dachte wie immer nicht an sich. Das konnten wir aber gemeinsam verhindern. Die kleine Karin im Kinderwagen bekam von der Suppe die warme Flüssigkeit.

Wir spürten, dass bei Karin und Rosie eine Lebensruhe eingetreten war. Ihre Körper waren etwas abgemagert und die Gesichter ließen erkennen, dass ihnen einfach alles fehlte, selbst die so wichtige Lebenskraft, die zum Durchhalten ermahnte. Karin weinte nicht mehr, sondern lag ganz ruhig in Mamas Armen, deren Tränen Anzeichen großen Kummers waren.

Der Tag verging ohne Zwischenfälle, bis auf die Menschen, die noch in die Kellerräume wollten, sich gegenseitig beschimpften und an die Wand drückten. Es waren zu viele und der Streit um den geringsten

Platz nahm zu, jede Treppenstufe wurde besetzt. Draußen regnete es.

Am nächsten Morgen ging ich mit meinen Brüdern zum Haupteingang und wieder sahen wir, dass viele sauber gekleidete und ordenbehängte Soldaten von jeweils zwei bewaffneten Russen bewacht wurden. In der Hoffnung, irgendwo etwas Verwendbares für die Familie zu finden, liefen wir dahin, wo Häuser standen und Menschen sich aufhielten. Es war aber sinnlos. Also kehrten wir zur Familie zurück. Als wir in den Hintereingang traten, verfolgten uns drei russische Soldaten, die sich durch die auf den Treppenstufen liegenden Menschen drängten und nach Frauen suchten. Zwei junge Mädchen aus dem Nebenraum und meine zwei Schwestern wurden abgeführt. Die Frauen schrien, weinten und schlugen um sich. Einer der Soldaten wurde im Gesicht getroffen und rief nach Verstärkung. Die Frauen wurden zu den verantwortlichen Offizieren getrieben und verschwanden. Die Soldaten jagten uns davon und bewarfen uns mit Steinen. Wir glaubten, dass die Mädchen wieder freigelassen würden, was jedoch ein Irrtum war.

Das Haus wurde so stark bewacht, dass wir nichts unternehmen konnten. Wir konnten nur abwarten. Einige Tage vergingen, der Rest der Familie verbrachte die Zeit im Hinterhaus, nur wir drei Brüder versuchten weiterhin, draußen etwas Essbares zu aufzutreiben, aber mit geringem Erfolg. Hier und da gab es etwas, und wenn es nur einige Rüben vom Feld waren. Nach einigen Tagen hegte Mama den Verdacht, dass man ihre Töchter, unsere Schwestern, nach Russland verfrachtet habe. Diese Vermutung stammte von einigen Frauen aus dem Kellergang. Sie hatten uns berichtet, dass ein Zug, voll beladen mit Frauen in

Uniform und in Zivil, nach Russland abgefahren sei. Diese Aussage konnte kein Gerücht sein. Es konnte sich aber um andere Frauen gehandelt haben, so die Hoffnung der Mama. Wir saßen auf dem Fußboden und hielten einander fest, Mama schaute von einem zu anderen. Ich merkte an ihrem Verhalten, dass sie an die fehlenden Menschen unserer Familie, zwei Töchter, den Vater, dachte – „Wie geht das Leben weiter, soll das der Tag sein, an dem alles auf dieser Erde endet?"

Die Traurigkeit und das Unverständnis, auf dieser Erde ohne jede Hilfe von Menschen oder dem lieben Gott zu sein, waren in den Gesichtern abzulesen. Mama hatte Karin, dieses kleine Bündel Mensch, in ihre Arme genommen, schaute es an und sagte unter Tränen zu ihr: „Du hast doch auf dieser Erde noch nichts Unrechtes getan, was macht der Mensch mit dir?" Wir konnten alle nicht reden, es war eine tiefe Stille in dem Kellerloch. Was war aus unserer so starken Mama geworden? Ihr Gesicht hatte sich verändert zu dem einer sehr, sehr alten Frau. Sie hatte große Ähnlichkeit mit unserer Oma, ihrer Mama, die ihr Leben lang nur Liebe gegeben hatte. Großmutters Verhalten war großartig, wir haben das genossen. Immer hatte sie für jeden eine liebe Umarmung und Verständnis.

Meine Familie saß noch auf dem Boden und wir machten uns wortlos Mut. Die Soldaten hatten meine zwei Schwestern in einem unvorstellbaren Zustand wieder frei gelassen. Sie saßen bei der Mama und sie tröstete sie, soweit dies möglich war.

Wir fragten uns, was von unserer Wohnung in Danzig-Ohra wohl noch übrig geblieben war, und wollten den Versuch starten nachzusehen, um vielleicht dort bleiben zu können. Was auch an Auflagen übernommen werden müsse, die Familie von zehn Personen würde damit fertig werden. Dieses Vorhaben machte allen Geschwistern wieder etwas Mut. Von den Menschen, die ebenfalls Ohra hatten verlassen müssen, hörten wir nur schlechte Dinge, wie zum Beispiel, dass dort nur noch einige Wohnhäuser ständen und ein Teil der russischen Soldaten, die Danzig und Umgebung eingenommen hatten, jetzt in den Häusern und Lagern wohne. Jeder von uns schwieg und hoffte auf Mamas klärende Worte. Sie hatte einen Plan, wie die Sache angegangen werden könne. Unsere Unsicherheit wurde nicht geringer, als sie die Dinge beschrieb, die nicht mehr geschehen dürften.

Unser Vater hatte lange, bevor das Elend des Krieges begonnen hatte, im Keller einen geheimen Vorratsraum angelegt, in dem sich Lebensmittel, Kleider, Decken, Betten und Schuhe befanden. Dieser Kellerraum war total zugemauert. Wir glaubten, ihn unversehrt anzutreffen. Das war der wichtigste Grund für unsere Heimkehr. Mama war der Meinung, dass nur einige Familienmitglieder das Versteck erkunden sollten. Der Rest der Familie solle sich währenddessen in einem Viehstall versteckt halten. Von unseren Schwestern konnten wir nicht erwarten, dass sie sich an der Sache zu beteiligten, dazu waren sie nicht in der Lage. Unsere Mama sprach von ihren drei Söhnen, die gesundheitlich am besten ausgerüstet seien. Wir hatten auch den starken Willen, zu Hause in Ohra alles zu erkunden.

Der Krieg hatte aus uns drei Brüdern ganz andere Menschen gemacht. Wir hatten keine Angst mehr und waren in der Lage wegzulaufen und uns zu verstecken. Wir bereiteten uns darauf vor, am nächsten Morgen vor Tagesanbruch loszugehen, und machten uns einen Plan, wie wir uns zu verhalten hätten, sodass wir drei überall gut durchkämen. In dieser Nacht fanden wir kaum Ruhe, denn es war für uns Jungen die größte Aufgabe, die wir jemals gemeinsam durchzustehen hatten. Doch zuvor noch die Hinweise der Mama: „Keiner von euch unternimmt irgendetwas alleine. Bleibt zusammen und kommt wieder zurück. Sollte einer von euch in eine brenzlige Situation geraten, seid ihr anderen zwei immer zur Stelle." Ich habe mich immer für meine Brüder verantwortlich gefühlt und hoffte, dass alles gut gelänge.

Wir verabschiedeten uns im Hof von den Schwestern und unserer Mutti, schnell noch eine Umarmung, und hörten die Worte: „Viel Glück und passt auf euch auf, wir müssen uns auf euch verlassen, ihr seid unsere Hoffnung!" Der neue Treffpunkt und der Zeitpunkt der Rückkehr waren auch festgelegt.

Es war soweit, Kurt, zehn Jahre alt, Hubert, neun Jahre alt, und Horst, acht Jahre alt, zogen los. Unser Weg führte uns zunächst in Richtung Stadtgrenze bis zum Heumarkt. Erst danach wollten wir die weiteren Möglichkeiten, nach Ohra zu gelangen, prüfen. Der Marsch dorthin war sehr hart, die festen Straßen konnten wir nicht benutzen. Alles, was sich auf ihnen bewegte, kam nur in geringem Schritttempo voran, bis russische Autos oder singende russische Einheiten die Wanderung der Menschen unterbrachen. Es war bewundernswert, wie die Menschen mit ihren Eigentumsresten in den Graben sprangen oder auf das Feld liefen und wieder zurückkamen und immer weiter marschierten.

Eine Gruppe gefangener deutscher Soldaten musste unter strenger Bewachung getötete russische Soldaten zusammentragen und auf Lastwagen laden. Die Panzer hatten sich auf den Gräben einige Male gedreht und die am Boden liegenden deutschen Soldaten erwischt. Die Gräben waren von den russischen Panzern so zerstört worden, dass dort kein Mensch mehr lebend herausgekommen ist. Aus den sogenannten Wehrlöchern, die so groß waren, dass gerade zwei Personen und zwei Gewehre darin Platz hatten, holten die deutschen Kriegsgefangenen viele tote deutsche Männer, Soldaten und ganz alte Männer in normaler Kleidung, aber auch halbe Kinder in ihren HJ-Uniformen mit einem viel zu großem Stahlhelm auf dem Kopf – wenn er noch vorhanden war. Die Leichen legten sie an einem Waldrand in einen tiefen Graben nieder und schütteten weißes Pulver über sie.

Diese Erlebnisse waren für uns unmenschlich. Keins gehörte auf die Erde, auf der Menschen sich wohl gefühlt hatten. Aber auch unsere Hilflosigkeit konnte uns nicht von unserem Ziel abbringen, denn es ging nun einmal um das Überleben der Familie. Die Gedanken eines jungen Menschen gingen so weit, dass ich alles Menschliche, alles Gute in Zweifel zog. Für die geringsten Verfehlungen oder kleinsten Vergehen gab es Strafen. Erstaunlich, mit welcher Begeisterung die furchtbarsten Dinge durchgeführt wurden – von Menschen an Menschen. Ich musste erleben, wie die Männer in den hellbraunen Uniformen, ich glaube die Kerle nannten sich SA-Leute, sie waren die Herrscher der Straßen gewesen, nach dem Einzug der Russen hilfesuchend weinten oder sich vor Angst die Pistole

47

an den Kopf setzten. Bei dieser noch so furchtbaren Vorführung kam mir der Gedanke, dass diese Leute eigentlich nicht auf die Erde gehörten, das Geschehen ließ mich eiskalt. Dass meine Denkweise auch mein weiteres Leben beeinflusste, stellte ich erst später fest. Sie wurde von manchen immer negativ beurteilt, jedoch konnte ich es nicht unterlassen, Anweisungen, die sich wie Befehle anhörten, nicht zu befolgen.

Das war auch der Grund, weshalb mich mein Lehrer Wilberding in der letzten Klasse so sehr verprügelte, dass ich Ohrenbluten erlitt. Dieser Mann war erst seit drei Wochen aus der Haft entlassen, er war zweitgrößter Nazi in diesem kleinen Ort und dementsprechend verhielt er sich auch. Menschen, die aus dem Osten kamen und ein neues Zuhause suchten, waren für den Mann zweitklassig und Schuld daran, dass sein Adolf Hitler den Krieg verloren hatte.

Nun möchte ich zu unserem Weg nach Ohra zurückkehren und unsere nicht gefahrlose Aufgabe weiter schildern. Wir drei Brüder saßen am Rande einer Straße, die wir zwar kannten, aber deren Namen wir nicht mehr wussten. Wir näherten uns einigen Leuten, die nach Oliva unterwegs waren. Ehe wir unsere Antworten auf lästige Fragen durchdacht hatten, sprach uns eine Oma an: „Na, Jungchen, wo willst du hin, sicher nach Hause?" Diese Aussprache der alten Dame war für uns etwas Besonderes und erinnerte uns an die Großmutter. Wir drei stellten uns höflich nebeneinander und begannen zu fragen. Die Hilfestellung der Dame begann mit dem freundlichen Hinweis: „Passt bloß auf euch auf, dahinten in Richtung Alt-Schottland ist einiges los. Ohra ist nicht mehr weit." Sie erklärte uns: „Ihr geht die nächste Straße rechts rein und die Nordpromenade immer geradeaus

48

bis zum Neugarten. Dort müsst ihr mal schauen, wie ihr zum Heumarkt kommt, von wo aus es ganz einfach ist, immer an der Radaune entlang." Wir bedankten uns.

Was konnten wir aber gegen unseren großen Hunger tun? Wir würden sogar stehlen gehen, aber es gab nichts. Eine kleine Pause würde uns guttun. Wir setzten uns auf die Überreste eines Bürgersteigs und beobachteten das Umfeld. Dabei achteten wir auf Ereignisse und Bewegungen, die zu etwas Essbarem führen könnten. Uns war klar, dass es da, wo große Versammlungen russischer Soldaten stattfanden, auch etwas Nahrhaftes geben müsse.

Nach gewisser Zeit gesellten sich einige gleichaltrige Jungen zu uns und berichteten, wo ein fester Kasernenplatz der russischen Soldaten sei. Es dürften nur nicht so viele dort erscheinen, sonst würde man sie festnehmen und einsperren. Erst einmal gingen wir gemeinsam los. Von den sieben Jungen hatten fünf keine Eltern mehr. Sie hatten sich im Höhnepark ein Erdloch an einem kleinen Hang gebaut und mit Brettern ausgeschlagen. Decken und Uniformteile hatten sie sich von den deutschen Soldaten geholt. Was diese Jungen am Körper trugen, war einige Nummern zu groß. Einer der Jungen erzählte mir weinend von seiner Mutter: Sie sei mit einem höheren deutschen Soldaten nach Gotenhafen gegangen, um auf einem Schiff unterzukommen. Der Soldat hatte angeordnet, ihn, den Zehnjährigen, nicht mitzunehmen. Man schickte ihn zur Großmutter nach Alt-Schottland, wo er die Oma unter den Mauern ihres kleinen Häuschens verschüttet vorfand.

Das Organisieren lebenswichtiger Dinge beinhaltete sowohl den Willen zu überleben als auch den Diebstahl. Meine Brüder und ich hatten diesen Zustand der Selbständigkeit noch nicht erreicht und neigten dazu, diese Jungen zu bewundern. Wir nannten uns alle Freunde. Wir drei Brüder zählten zur „Mannschaft", als ob wir dazugehörten. Unsere Freunde hatten die Stadt schon durchwandert und die wichtigsten Aufenthaltsorte der russischen Soldaten ausfindig gemacht.

Im Innenhof des ehemaligen Zollamtes wurde gekocht und das viereckige Russenbrot geformt und gebacken. Es wurde auf kleine LKWs verladen und weggefahren. Hier waren wir richtig. Einer der Jungen übernahm die Leitung dieser Aktion und teilte zwei Gruppen ein, jedoch ohne uns drei Brüder, da wir noch kein Soldatengeschirr hatten. Wir beobachteten die ganze Sache. Das von der deutschen Wehrmacht stammende Essgeschirr trugen unsere Freunde sichtbar und griffbereit am Körper, damit die Russen gleich erkannten, was sie wollten. Dieses so gut eingeübte Schauspiel konnte nicht misslingen. Die erste Gruppe drückte sich an den Wachsoldaten vorbei und stellte sich ganz nah an den Brotwagen und die Gulaschkanone mit dem so gut riechenden Essen. Die für das Brot zuständigen jungen Soldaten beobachteten uns und gaben dem älteren Koch ein Zeichen. Der erblickte uns und schüttelte sein Haupt, was wahrscheinlich nein heißen sollte. Damit erreichte der gute Soldat aber nicht, dass wir verschwanden. Er schaute uns hungrige, junge Menschen noch einmal an und ging in einen Wohnwagen, wo er seinen Vorgesetzten auf uns aufmerksam machte. Auch dieser musste feststellen, dass wir nicht ohne etwas zu essen weggingen. Diesen

50

Krieg wollten wir gewinnen – und wir haben ihn gewonnen! Der hohe Soldat erteilte seine Befehle und die Soldaten winkten uns zu sich. Jeder von uns bekam von einem sehr jungen Soldaten mit einem freundlichen Lächeln ein Viertel eines Kastenbrotes. Dann wurden wir zum Suppentopf geschickt, wo unsere nicht sehr kleinen Behälter gefüllt wurden.

Ich muss zugeben, die Menschen in den russischen Uniformen wurden uns immer angenehmer, und so langsam verschwand auch unsere Angst bei ihrem Anblick. Wir junge Leute hatten alle den Glauben an die Menschen und ihre Hilfsbereitschaft verloren gehabt. Dieses Ereignis gab uns etwas „Sicherheit". Es war das erste gute Verhalten von Menschen seit einigen Wochen, auch wenn es von russischen Soldaten gezeigt wurde. Wir verkrochen uns in eine zusammengefallene Holzhütte und teilten das gute Essen genau auf, sodass es für uns alle reichte. Jeder bemühte sich gerecht zu sein.

Langsam wurde es dunkel und wir gingen in einen Keller, in dem vor uns mehrere Familien gelebt haben müssen. Es machte uns Freude, keinen Hunger mehr zu haben und schlafen zu dürfen. Die Nacht verging sehr ruhig, auf der Straße patrouillierten Wachen. Es war noch nicht hell draußen, als sich unsere Freunde sehr früh zum Abmarsch fertig machten. Aus welchen Gründen auch immer, ihr Ziel war der Hauptbahnhof Danzigs. Wir dankten ihnen und verabschiedeten uns – und schon waren sie verschwunden.

Meine Brüder und ich hatten zwar einige Zeit vergeudet, waren aber alle drei sehr dankbar dafür. Nun wurde es Zeit, uns wieder auf unsere Aufgabe zu besinnen und nach Ohra zu gelangen. Der Marsch

51

führte uns zunächst ein Stück an der Mottlau entlang, dann achteten wir auf die noch stehenden Straßenschilder. Lesbar waren noch die Worte „Ankerschmiede Schergraben", das war genau unsere Richtung. Nachdem inzwischen einige Wochen vergangen waren, brannte die Stadt nicht mehr und alles sah fremd aus. Meine Gedanken gingen wieder zurück in die Zeit der brutalen Luftangriffe. Ich hatte den großen Wunsch, den Soldaten das hier Angerichtete persönlich zu zeigen, damit sie begriffen, was sie mit großem Eifer und Brutalität zertrümmert hatten. Ich gedachte der vielen unschuldigen Menschen, Mütter, Kinder, alte Leute, die dabei umgekommen waren. Unfassbar sind mir bis heute die Bilder der vielen Toten auf den Straßen. Verbrannte Körper, tote Kinder, verstreute menschliche Körperteile, der Rest eines Kindes mit einem so lebendigen Gesichtsausdruck, als habe es gerade die Mutter gerufen. Diese Erlebnisse werde ich niemals vergessen können. Meine Brüder mahnten mich, mit dem Nachdenken aufzuhören.

Wir zogen weiter. Am Heumarkt stellten wir fest, dass auf dem für uns so großem Platz viele russische Soldaten mit ihren Fahrzeugen und Panzern eine Station eingerichtet hatten. Die Bewachung reichte bis zum Gebiet Sandgrube und Schwarzes Meer. Hier müssen Kämpfe stattgefunden haben, denn es sah es ganz furchtbar aus. Tiefe Granatlöcher, zerschossene Autos. In den großen Schützengräben und kleinen Schutzlöchern der deutschen Soldaten fanden wir Ausrüstungen, Handgranaten, Gewehre, Panzerfäuste, Stahlhelme und Rucksäcke, in denen wir nach Essen suchten. Dann gingen wir weiter in Richtung Petershagen und stießen immer wieder auf diese kleinen, mit einem Brett und etwas Rasen halb abgedeckten Schützenlöcher. Wir waren neugierig und wollten einmal drinnen sitzen. Das probierten wir aus. Auf dem Feld fanden wir deutsche Handgranaten, alles Blindgänger. Sie hatten einen Holzgriff im Unterschied zu den russischen, die etwas kleiner und vollständig aus Metall waren. Wir sammelten die Waffen und packten sie in eines dieser Schützenlöcher. Dann setzten wir uns dazu, ohne zu wissen, in welcher tödlichen Gefahr wir uns befanden.

Weiterging es auf dem Damm entlang der Radaune. Schließlich hatten wir es geschafft. Mit der Straßenbahn fuhren wir bis zu unserer Wohnung, es waren nur noch zwei Stationen. Viele der schönen Häuser und Geschäfte auf der anderen Seite des Damms waren nicht mehr vorhanden. Wir setzten uns dem Eingang gegenüber auf die Treppe, beobachteten das Haus und waren sehr gespannt, was da wohl los war. Im Erdgeschoss, ehemals Wohnung und Arztpraxis Dr. Hanninger, gingen Soldaten ein und aus. Russische Soldaten und polnische Soldaten, die Polen trugen keine Uniformen, nur die uns bekannten achteckigen, braunen Schirmmützen. Wir betraten den total verwüsteten Hof, die Teppichstange war abgesägt und der Schuppen zum Teil schon demontiert. In ihm lagen Holz und Kohle für die Kachelöfen der Wohnungen. Aber es wurde uns hier zu unsicher und wir kehrten zurück zum Damm, wo früher so wunderschön gepflegte kleine Gärten mit Häuschen gewesen waren. Dort hatten wir uns sehr gerne bei Freunden aufgehalten. Die Gartenhäuser waren zum Teil eingestürzt oder ganz verschwunden. Unter den neuen Bewohnern muss es einen Dieb gegeben haben, der alles Brennbare eingesammelt hatte. Der Rest dieser Holzhäuschen wartete schon auf den Abholer. Auch hier gab es keine Möglichkeit, etwas Essbares zu finden. In einem kleinen Schützenloch entdeckte ich einen Stahlhelm, den ich mitnehmen wollte, bis mir einfiel, dass es den russischen Soldaten wohl nicht gefallen würde, mich damit zu sehen.

Unsere kleine Brücke über die Radaune war von diesen dummen Menschen gesprengt worden, um den Krieg zu gewinnen, wo war das Gehirn dieser Männer geblieben? Das kleine Geländer dieser so wichtigen Brücke war nur in der Mitte gebrochen und beidseitig hing der Rest noch am Ufer fest. Früher in den so wunderbaren Zeiten war sie im Winter unser Übergang mit dem Schlitten zum Bischofsberg gewesen. Und an dieser kleinen Brücke erlebte ich auch die Geschichte mit dem bewachten deutschen Soldaten, dem ich vor meinem Schulweg meine Brote brachte, wofür ich von meinem Lehrer verprügelt wurde.

Es war nun einmal so, alles Erlebte brachte mich in meinem Kopf und in meinen Gefühlen so durcheinander, dass ich nur den Wunsch hatte, alles zu behalten und erst, wenn ich größer wäre, mit den Menschen zu klären. Ich behielt alle Einzelheiten, jedoch klären konnte ich die Geschichte bis heute nicht. Und das ist auch der Grund, warum die Träume immer wieder in so großer Genauigkeit erscheinen.

Wir setzten uns auf die Treppe. Besonders die Dinge im Keller waren für uns sehr wichtig. Wir hatten nur noch unsere Wohnung vor Augen und den Wunsch, wieder mit der ganzen Familie dort unterzukommen. In diesem Haus wohnten früher sechs Familien, drei hatten eine schriftliche Bestätigung für Gotenhafen erhalten, um mit der „Wilhelm Gustloff" in das sogenannte Reich fahren zu können. Die Nachbarn fielen mir ein und es stimmte uns traurig, dass diese Familien alle in der Ostsee untergegangen waren und wir sie nie mehr wiedersehen würden. Auf diesem Schiff waren auch Spielkameraden von uns, darunter einer meiner besten Freunde, Arthur Hinz, der gleich neben dem Bäckerladen Warschun wohnte. Seine Mutter und er hatten sich so sehr auf ihre vermeintliche Rettung gefreut und mussten auf dieser Reise so zu Grunde gehen!

Einmal hatte ich das Verhalten dieser Frau bewundern können. Ich hatte erlebt, wie Arthurs Mutter reagierte, als sie die Nachricht erhielt, dass ihr Mann im Krieg gefallen sei. Sie konnte gar nicht richtig weinen, nahm ihren Sohn in die Arme und schaute in den Himmel. Arthur und sein Freund Kurt konnten das nicht ganz verstehen und verhielten sich ruhig. Diese so traurige liebe Mutti unternahm am gleichen Tage etwas ganz Besonderes, was zu der Zeit, als noch diese SA-Leute die Straßen beherrschten, strafbar und eigentlich unmöglich war: Sie nahm den Hitlerkopf, ein Geschenk des Ortsgruppenleiters, und warf ihn in den Hof. Der Satan zersprang in tausend Scherben. So jung ich auch war, ich muss gestehen, dass ich den Umgang mit dieser Büste ganz genau begriff. Zu unserem Schutz verbot Frau Hinze Arthur und mir, in den Hof zu gehen und uns mit den Hitlerscherben zu beschäftigen. Niemand sollte merken, woher das Unheil gekommen war, wir hätten uns verdächtig machen können. Und der liebe Gott und die Menschen haben es zugelassen, dass auch noch der Rest dieser lieben Familie mit der „Wilhelm Gustloff" untergehen musste.

Ganz still und in Gedanken versunken saßen wir drei nebeneinander und schauten zu unserer Wohnung hinauf. An der Giebelseite entdeckten wir ein großes Loch in der Mauer, wo das Kinderzimmer unserer großen Schwestern war. Da sich in dem Wohnhaus nichts bewegte, machten wir uns Mut, in unsere Wohnung zu gehen. Wir stiegen zunächst in den Keller und waren nicht überrascht, zertrümmerte Kellertüren, eingerissene Wände und lauter leere Räume vorzufinden. Den großen Eisenhammer fanden wir noch, mit dem der Dieb die Wände aufgeschlagen hatte, um an das Eigentum anderer Leute zu kommen. Er wusste genau, wo er suchen musste. Ich möchte den von meiner Familie ausgesprochenen Verdacht nicht wiedergeben. Die Mauer in unserem Keller war an einer Seite bis auf den Boden zertrümmert. Das war so präzise gemacht worden, dass der Mann sich ausgekannt haben musste. Diese Keller und Wohnungen waren nicht von Polen oder Kaschuben ausgeräumt worden. Es gab ja auch deutsche Bürger, die nicht aus der Straße vertrieben worden waren, die, aus welchen Gründen auch immer, nichts zu befürchten hatten und ihre Wohnungen nicht hatten verlassen müssen. Im mittleren Stockwerk wohnte ein Eisenbahner mit seiner 17-jährigen Tochter. Nach des Vaters Tod nahm sie sich einen polnischen Soldaten zum Geliebten und konnte in der Wohnung bleiben. Ihr verstorbener Vater erhielt eine richtige Beerdigung. Die Tochter durfte alle Keller in dem Haus leer räumen und führte ein Leben wie in guten Zeiten. Nachdem ich bei einem Besuch das Radio meines Vaters bei ihr entdeckt hatte, durfte ich ihre Wohnung nicht mehr betreten. Alles, was zu der Zeit in der Horst-Wessel-Straße geschah, stand unter dem Schutz eines polnischen Bürgers, der den Anmarsch der Polen und die Vertreibung der Danziger Bürger vorbereitet hatte.

Um nun auch noch die restliche Aufgabe zu erfüllen, stiegen wir die Treppe hinauf. Unsere Wohnungstür war aufgebrochen, starke Beschädigungen im Bereich von Drücker und Schloss waren erkennbar. Die ganze Wohnung war durchwühlt und einige Möbelstücke waren verschwunden. In den Kinderzimmern und dem Schlafzimmer der Eltern fehlten die gesamten Federbetten. Das Geschirr aus den Schränken lag zertrümmert auf dem Fußboden und die Kleiderschränke waren leer geräumt. Enttäuscht gingen wir durch alle Räume unseres so schönen Zuhauses und kamen zuletzt in das Mädchenzimmer meiner großen Schwestern. Das von draußen gesehene Mauerloch befand sich in Kopfhöhe. Auf dem Fußboden lag völlig unbeschädigt eine Granate, die aussah wie eine kleine Rakete – ein Blindgänger einer Stalinorgel. Ich muss gestehen, wir hatten keine Angst vor dem Gerät. Mein jüngster Bruder Horst schnappte sich das Ding, ging in die Küche und warf die Granate durch das Fenster in den Hof. Dort blieb sie ebenso wirkungslos liegen wie zuvor in unserer Wohnung.

Wir kehrten noch einmal auf den Damm zurück und stellten fest, dass alle Wohnungen in den Häusern frei waren bis auf einige, die von russischen Soldaten besetzt waren. Danziger Bürger fanden wir keine mehr. In anderen Wohnungen im Bereich der Färberei Gratz wühlten Polen, erkennbar an ihren eckigen Mützen, herum und verpackten Sachen, die wir nicht genauer erkennen konnten. Das waren die ersten, die den Umzug der Polen nach Danzig und die später stattfindende Vertreibung aus der Straße mit Unterstützung der russischen Soldaten vorbereiteten. Sie ließen es nicht an Gewalt fehlen. Der große Holzlagerplatz ein Stückchen weiter war von russischen Soldaten besetzt. Kriegsfahrzeuge aller Art und die kleinen fahrbaren MG-Geschütze – das alles machte uns keine Angst mehr und wir gingen zurück zu den Gärten, wo wir in einem noch gut erhaltenen Gartenhaus übernachteten. Drei Tage und drei Nächte waren wir jetzt von der Familie getrennt.

Wir nahmen uns vor, am nächsten Morgen zur Mama und den Geschwistern zurückzukehren. In der Nacht fanden wir in dem Gartenhaus eine kleine Holzkiste mit eingemachten Gartenfrüchten. Nachdem wir einiges davon gegessen hatten, nahmen wir die letzten drei Gläser mit auf unsere Rückwanderung. Noch vor dem Hellwerden machten wir uns auf den Weg zurück zu der Stallhütte am Rande eines kleinen Waldes bei Lauenthal, wo wir den Rest unserer Familie zurückgelassen hatten. Den Weg hatten wir uns genau eingeprägt. Im Grunde hatte sich auf den Straßen nichts verändert. Viele mit Menschen und Wohnungseinrichtungen beladene Pferdewagen zogen in Richtung Danzig-Vorstadt. Aus manchen dieser Wagen schaute oben ein Ofenrohr hinaus. Die Sprache dieser Menschen erinnerte mich an die von Königsberger Freunden. Die Pferdewagen mussten schon sehr lange unterwegs sein, denn die Tiere sahen sehr hungrig aus und mussten immer wieder angetrieben werden.

Vor einem PKW mit Danziger Kennzeichen fuhren zwei deutsche Motorräder zum Schutz der Insassen. Sie hupten und schrien umher, die Menschen am Straßenrand sprangen in den Graben. Das Verhalten der Soldaten ließ darauf schließen, dass die Kerle stark betrunken waren. Wir drei Brüder marschierten am

Straßenrand so unauffällig wie möglich hintereinander her, um nicht erwischt zu werden. Ein Kutschwagen kam uns entgegen, der Lenker war ein überaus betrunkener Soldat, er trug einen Zylinder und schlug wahllos auf die Pferde ein. Er fuhr alles um, was sich ihm in den Weg stellte. Auch die Soldaten in dem Kutschwagen wurden immer lauter. Die Männer übten ihre Macht ohne Gebrauch des Kopfes aus. Mit ihrem Verhalten wollten sie einen Großteil ihrer absoluten Dummheit verdecken – so meine damalige Meinung. Meine zwei Brüder und ich beobachteten die Erlebnisse nur noch mit einer gelassenen Ruhe.

Trotz der Unterbrechungen auf unserem Rückmarsch kamen wir sehr gut voran und mussten uns keinem Treck mehr anschließen. Wir konnten davon ausgehen, noch vor Tagesende bei der Familie zu sein. Ohne jede Angst und ohne jede Zurückhaltung stellten wir uns zu den russischen Soldaten, die ihr Abendessen erhalten wollten. Wir traten nicht mehr wie Bettler auf. Anscheinend bewunderten uns die Soldaten deswegen. Bei ihnen brach großes Gelächter aus. Von den Soldaten, zu denen wir uns setzten, lernten wir das einfache russische Wort für Brot, Klebba, das uns in Zukunft noch helfen sollte. Diesen Krieg haben wir gewonnen – das war immer unsere Redewendung, wenn wir uns wieder Essen organisiert hatten.

Auf unserem Weg durch Wiesen und Felder sahen wir von Weitem schon die Bauernhütte, vor der sich viele Menschen mit ihren Pferdewagen versammelt hatten. Wir rannten in den Stall. Alle waren sehr froh, dass wir wieder gesund zurückgekehrt waren. Unsere Mama musste vor Freude weinen, als sie uns in ihre Arme schließen konnte. Auch unter diesen so schlechten Lebensbedingungen gab es noch ein Empfinden des Glückes. Erst nach ausgiebiger Begrüßung waren alle in der Lage, den ersehnten Bericht gespannt anzuhören. Bis in die Nacht hinein erzählten wir von den Veränderungen in Danzig-Ohra. Unsere Mutti erzählte uns von den vielen Menschen, die hier im Stall neu hinzugekommen waren. Kleine Familiengemeinschaften hatten sich inzwischen gebildet, die alles miteinander teilten, die Reste der noch vorhandenen Lebensmittel oder die gestohlenen. Alles wurde streng durchgeführt. In dieser Nacht hörten wir in der Nähe auf der großen Weise Granaten explodieren und konnten erkennen, dass einige russische Soldaten ein Stück Wiese mit Lastwagen befahren hatten. Auf einem Minenfeld standen zwei zertrümmerte russische Fahrzeuge in Flammen. Geschrei und heranfahrende deutsche Rotkreuzfahrzeuge bemühten sich, unversehrt wieder wegzukommen.

Am nächsten Morgen wurden in meiner Familie noch einmal alle Einzelheiten besprochen und Mama war der Meinung, dass wir in Richtung Danzig-Ohra aufbrechen sollten. Was auch immer an Veränderungen bevorstehe, es müsse erst einmal in Kauf genommen werden. Meine Eltern hatten verabredet, sich in Ohra wiederzutreffen, der Vater wollte keinesfalls nach Russland ins Arbeitslager gehen. Mama verabschiedete sich von den Menschen und wir wünschten ihnen alles Gute und dankten ihnen herzlich. Wir nannten unseren Marsch Richtung Danzig „nach Hause gehen". Jeder von uns hatte wieder seine Aufgabe und Mama achtete auf uns.

Ich war der Meinung, es solle einen neuen Begriff geben, der den Zusammenhalt in einer Familie angesichts so furchtbarer Erlebnisse beschreibt und der ausdrückt, dass keiner dem anderen wehtun möchte

60

und es zu einer großen Freude selbst bei kleinen Hilfestellungen kommt.

Wir waren nicht überzeugt, wieder in unsere Wohnung einziehen zu können, denn die Überwachung der polnischen Soldaten und der nachfolgenden polnischen Bürger verunsicherten uns. Am Abend kamen wir in der Horst-Wessel-Straße 11 an. Wir standen auf dem Damm und beobachteten unser Haus genau. Aus drei Wohnungen schauten Menschen heraus, die wir noch niemals gesehen hatten. Vor der Haustür standen Pferdewagen mit zusammengeklauten Möbeln. Die Arztwohnung im Erdgeschoss war schon belegt.

In unserer Wohnung hatte man schon die Fenster geöffnet und die Vorbereitungen zum Einzug polnischer Bürger getroffen. Vor einigen Tagen hatten neben dem Hauseingang immer zwei bewaffnete russische Soldaten Wache gestanden. So war es auch nun wieder.

Jetzt musste etwas geschehen. Wir Brüder versuchten, das Haus zu betreten, wurden jedoch mit Geschrei und Beschimpfungen davongejagt. Die vergangenen vielen Wochen unterwegs waren eine Flucht gewesen, wohin auch immer. Was jetzt begann, war die Vertreibung der Danziger Bürger.

Links neben dem großen Hofeingang stand noch ein Haus mit einigen freien Wohnungen, der Innenhof führte zur Radaune und der gesprengten kleinen Brücke. Hier war kein Mensch zu sehen. Durch die erste Wohnungstür verschwanden wir ganz schnell in eine verlassene Erdgeschosswohnung. Die Fenster auf der Dammseite hätten wir im Notfall als Ausgang nutzen können. Von den früheren Bewohnern wussten

61

wir, dass sie auch das Schicksal der vielen Menschen auf der untergegangenen „Wilhelm Gustloff" geteilt hatten. Ein Großteil der Einrichtung fehlte auch hier, was uns nichts ausmachte – wir versuchten uns entsprechend einzurichten. Alles war wunderbar, denn wir hatten ein Dach über dem Kopf und eine abschließbare Wohnungstür. Wir verhielten uns ganz ruhig. Alle hatten das Bedürfnis, sich zu waschen. In einem Zimmer standen große Behälter mit warmem Wasser aus dem Keller. Die Schwestern kümmerten sich um die Schlafmöglichkeiten. Mama machte den Kachelofen in der Küche an und verteilte das Badewasser. Jeder kam an die Reihe und so verging die halbe Nacht, bis wir alle eingeschlafen waren. Es tat uns allen sehr gut, nach langer Zeit wieder einmal in einer Wohnung zu übernachten.

Meine kleine Schwester Karin war so schmal geworden, dass ich nicht mehr in den Kinderwagen schauen konnte. Ich hatte große Angst, dass etwas Schlimmes mit ihr geschehen würde.

Wir mussten es hinnehmen, dass die neuen Bürger von Danzig unsere Wohnung besetzt hielten. Die Polen duldeten es im Moment noch, Danziger in der Nähe zu haben, doch es gab keine Macht der Welt, die sie davon abhalten konnte, die deutschen Bürger zu beleidigen, zu verprügeln und in ihrem Beisein zu bestehlen. Diese Männer mit und ohne Soldatenmützen gingen auch in die Wohnungen, in die die Danziger nach ihrer Flucht zurückgekehrt waren, und nahmen alles mit, was sie gebrauchen konnten.

Welch rücksichtsloses Vorgehen von Nicht-Kriegsgewinnern. Die Polen waren aus ihrem Heimatland Verjagte, was von Stalin und Hitler ausgehandelt worden war. Somit nahmen sie sich das so wunderbare Stückchen Erde im Osten mit dem Reichtum, den schönen Städten und der großen Landwirtschaft samt ihren Rittergütern. Alles, was sie sich aneigneten, war in der Entwicklung ihrem ursprünglichen Land um 15 Jahre voraus.

Heute liebe ich mein Geburtsland und die Stadt Danzig, ich liebe die Menschen, mit denen ich dort umgehe, ich freue mich, wie ehemalige Feinde miteinander reden.

Jedoch zurück zur Kriegszeit: Wir drei Brüder brachen morgens auf, um etwas zu essen zu suchen, das war für uns alle das Wichtigste. Wir untersuchten erst den Keller und fanden einige brauchbare Dinge, zum Beispiel lagen in einer Kiste noch alte Kartoffeln. Kohle und Holz für die Öfen waren auch noch vorhanden. Die Durchbrüche in den Kellerwänden zum jeweiligen Nachbarhaus waren offen, sodass wir auf dieser Straßenseite bis zum Ende der Wohnhäuser laufen konnten. Die Grenze war das Fabrikgebäude der Färberei Gratz auf dem Damm. Die Hoffnung, etwas Essbares zu finden, erwies sich aber nur als ein Traum.

Wir holten uns aus dem Nachbarraum einige Bretter und bauten einen Unterschlupf in unserem Keller, den wir mit Kohlen verschütteten. Dort konnten sich zwei Menschen verstecken – eine Sicherheitsmaßnahme für die Schwestern und unseren Vater.

In einem benachbarten, ursprünglich von fünf Familien bewohnten Haus hatte Lothar Schmitt, ein Freund von uns, gelebt. Sein Vater war Straßenbahnfahrer in Ohra, jeder kannte den freundlichen Mann. Kurz vor dem Einmarsch der Russen steckte man den alten Herren in eine Uniform und schickte ihn in den

Krieg. Er blieb verschollen. Auch hier mussten wir drei Brüder die Sache näher untersuchen. Lothars Vater hatte einen dieser schönen Gärten auf dem Damm gehabt. In der Wohnung war Lothar nicht anzutreffen, aber wir erkannten, dass hier jemand lebte. Also gingen wir zum Gartenhaus und schlugen an die Tür. Lothar hatte uns schon erkannt und trat vor Freude schreiend aus der Hütte. Er gab uns das Gefühl, für ihn wichtig zu sein. Dieser Freund hatte keinen Menschen mehr auf der Erde. Der letzte Vertraute war sein Vater gewesen, den sie abgeholt hatten, um sich erschießen zu lassen. Lothar hauste seitdem allein in der großen Wohnung und hatte sich erkennbar verändert. Wir erzählten ihm, wohin unsere Familie gezogen war. Die ganz schlimmen Wochen behielten wir erst einmal für uns. Lothar freute sich, dass wir in seiner Nähe wohnten, und machte uns auf wichtige Dinge aufmerksam. Einen Teil seiner Lebensmittel hatte er auf der anderen Seite der Radaune „organisiert". In den Erdlöchern und Schützengräben suchte er nach Rucksäcken deutscher und russischer Soldaten. Überall war ein wenig drin. Schnaps und Rauchwaren sowie vertrocknetes Brot, alles lagerte er ordentlich im Zimmer. Sogar eine geladene Kalaschnikow besaß er.

Das völlig vertrocknete Brot weichte er in einem Behälter mit schwarzem Kaffee ein. Lothar öffnete für uns einen Steintopf mit eingemachten Gartenfrüchten, über die wir uns hermachen durften. Dann verabredeten wir uns für den Nachmittag und gingen zurück zu unserer Familie. Vor der Haustüre standen wieder die zwei Wachsoldaten mit ihren Gewehren. Sie lachten uns an, als ob wir uns schon ein Leben lang gekannt hätten. Es war den beiden Russen also nicht neu, dass wir im Erdgeschoss lebten. Den ganzen Tag über hatten die Geschwister und Mama unsere frühere Wohnung gegenüber beobachtet. Mit Pferdewagen wurden Möbel an- und abgefahren. Wir durften uns dort nicht mehr sehen lassen. Wer weiß, was uns Deutschen geschehen würde.

Am Nachmittag gingen wir wie abgesprochen zu Lothar, um noch weitere Ratschläge von ihm zu erfahren. Im zweiten Eingang des Hauses war ein russischer Offizier eingezogen, dort bewachte nur ein Soldat den Eingang. Ein kleiner Panjewagen mit einem Pferd brachte dem Offizier noch Möbel und andere Gegenstände. Lebensmittel und Schnaps waren auch in großen Kisten vorhanden. Wir drei Brüder und Lothar freundeten uns mit dem Wachmann an und bewunderten ihn, wie er es fertigbrachte, in der Hosentasche mit einem Stück Zeitungspapier eine Zigarette zu drehen. Er führte uns das Zauberkunststück noch einmal vor und freute sich, dass wir so erstaunt waren. Auch hier lernten wir wieder ein paar Worte der russischen Sprache wie Zigarette = Papirossa. So hatten wir mit den Soldaten angstlosen Umgang, denn wir dachten auch, wer würde uns jetzt noch erschießen wollen.

Auf dem Holzlagerhof in Ohra hielten sich sehr viele Soldaten auf, das Eingangstor wurde bewacht und in der Mitte des Platzes wehte die russische Fahne. Unser Freund Lothar kannte sich dort gut aus. Wir probierten, unbemerkt in den Hof zu gelangen, was ganz einfach war. Die Abgrenzung zum Nachbarhaus bildete ein Bretterzaun, von dem ein Teil von Lothar bereits gelockert worden war. Wir mussten die Bretter nur noch verschieben und schon waren wir drinnen. Wir setzten uns zu einer Gruppe betrunkener

Soldaten und hörten ihrem Gesang zu. Unser Freund war dort schon Stammgast und in der Lage, ein schlimmes Lied über die Frauen mitzusingen. Der laute Schrei eines hohen Soldaten ließ uns erzittern. Die betrunkenen Soldaten sprangen auf und stellten sich aufrecht nebeneinander. Wir hatten noch Zeit, hinter einem Bretterhaufen zu verschwinden. Man musste annehmen, dass der Offizier den Soldaten den Marsch blies, denn er verschwand mit lautstarkem Befehl. Die Soldaten kamen nach kurzer Zeit wieder und brachten in Behältern das Abendessen. Sie setzten sich auf die Bretterstapel, aßen, sangen weiter und machten ihre Späße. Auch wir krochen aus unserem Versteck und setzten uns dazu. Bei ihnen muss der Durst wohl größer gewesen sein als der Hunger und wir nutzten die Möglichkeit, unter dem Beifall der Russen eine doppelte Ration zu verdrücken. Lothar rauchte eine Zigarette und nahm einen tiefen Schluck aus der Wodkaflasche. Als die Soldaten ihren Mittagsschlaf hielten, machten wir uns auf den Heimweg.

In der Dämmerung setzten wir uns auf die Dammtreppe und beobachteten, wie in den Innenhöfen Ställe und Garagen aufgebrochen wurden. Vier Polen benutzten einen Transporter der deutschen Wehrmacht, an dem außen ein Ofen angebracht war, den die Männer mit Holz fütterten, damit sich das Fahrzeug in Bewegung setzte. Und weiterging es mit der Machtergreifung der Polen. Wir sahen aus Petershagen kommend eine Mutti mit drei Kindern und einem Handwagen, hinter ihr liefen junge polnische Mädchen her, die sie laut beschimpften. Als die abgehetzten Menschen bei uns ankamen, erzählte uns die Mama, dass diese Polinnen, die deutsch und polnisch sprachen, in ihr Haus gekommen waren und die Familie davongejagt hatten. Das schöne Haus mit Garten gefiel den Frauen. Sie brachten auch gleich einen Pferdewagen mit gestohlener Wohnungseinrichtung mit. Zwei Familien eigneten sich das Wohnhaus an. Von den Männern hörte die deutsche Frau nur noch, dass hier in einigen Tagen kein Deutscher mehr sein werde. Wir kehrten nach Hause zurück und erzählten Mama alles. Sie meinte nur, das habe sie nicht anders erwartet. Die Polen bräuchten in den deutschen Wohnungen nur noch ihren Hut aufzuhängen. So schön eingerichtete Wohnungen hätten sie noch nie gesehen.

Ich hatte von Mama die Erlaubnis, noch einmal ins Nachbarhaus zu gehen und Lothar zu besuchen. Auf der Mitte der Radaunebrücke bemerkte ich einen Mann, bekleidet mit einem deutschen Soldatenmantel und einer russischen Mütze. Ich konnte es nicht glauben, aber es war unser Vater, der sich an dem Geländer festhielt. Papa erkannte mich sofort. Ich sollte leise zurückgehen, damit niemand aufmerksam würde. Also kehrte ich um und sah im ersten Stock die Wachsoldaten in der Ecke liegen. In der Wohnung hielt ich unserer Mutti den Mund zu und gab auch den Geschwistern das Zeichen, nicht laut zu werden. In wenigen Worten teilte ich ihnen mit, dass der Vater in der Nähe sei. Mama weinte, die Geschwister griffen alle nach ihren Händen und keines sprach ein Wort. Ich verließ die Wohnung wieder und schlich mich zur Brücke, Vater hatte sich hinter ihren Bruchstücken verstecken können. Ich informierte ihn, dass sich in unserem Haus russische Soldaten aufhielten. Papa wusste dies aber bereits, denn seit drei Tagen und

Nächten hielt er sich auf der anderen Seite versteckt und beobachtete uns.

Wir schlichen uns in Richtung Eingang – alles klappte wunderbar. Nun hatten wir endlich unseren Vater wieder bei uns. Zwischenzeitlich versteckten wir ihn im Keller in dem von seinen Söhnen gebauten Kohlenest.

Tage vergingen – das Verhalten der Polen machte uns Angst. Sie klauten überall. Auch wir mussten damit rechnen, dass die Polen „unser" Haus besetzen würden. Aber wir verhielten uns ganz ruhig und hatten den Verdacht, dass die russischen Soldaten in unserem Hause uns vor den Polen schützten.

Am Abend erzählte der Vater uns von seiner Gefangennahme bei Lauenthal. Mehrere LKWs mit russischen Soldaten hatten deutsche Männer aufgesammelt, egal ob mit oder ohne Uniform. Man brachte die Gefangenen zu einer gut bewachten Sammelstelle im Bereich Matzkau. Dieser Treck sollte in Richtung Russland in Marsch gesetzt werden. Papa hatte sich vorher einen Platz unter den Trümmern eines zerstörten deutschen Wehrmacht-LKWs gesucht und war in der Nacht dorthin gekrochen. In der darauf folgenden Nacht machte er sich auf den Weg nach Ohra, um uns zu suchen.

Mama und Papa suchten einen Weg, hier herauszukommen, ohne dass ein Familienmitglied verloren ginge. Denn auf den Straßen war einiges los. Wir waren alle ganz sicher, in Ohra würde man uns nicht weiter leben lassen. Die Polen verhielten sich wie die Eigentümer und Herrscher aller Dinge.

In dieser Nacht blieb es draußen ruhig, unsere Eltern saßen weinend auf den Betten. All meine

Geschwister wurden aufmerksam, wir setzten uns zu ihnen auf das Bett. Mutti hatte das kleine Paket von Mensch, unsere kleine Schwester Karin, auf dem Arm. Das kleine, liebe Mädchen war vor Entkräftung verstorben. Es war das erste Mal in meinem Leben, dass ich meinen Vater habe weinen sehen. Unsere Mama schaute gen Himmel und sagte unter Tränen: „Lieber Gott, das reicht doch jetzt, oder willst du noch mehr Unheil?" Die Geschwister trösteten sich gegenseitig und waren alle zusammengekrochen. Einige schliefen ein.

Auf der anderen Straßenseite hatte der Schreinermeister Sulemann einen Verkaufsladen für Möbel, hinter dessen Schaufenster wir einige Särge gesehen hatten. Unser Vater machte seinen drei Söhnen den Vorschlag, uns dort umzusehen, ob wir einen halbfertigen Kindersarg fänden. Im Wohn- und Ladenbereich waren alle Türen eingeschlagen. Also marschierten wir durch den Laden in die Wohnung. Außer zerschlagener und fehlender Wohnungseinrichtung stellten wir nichts fest. Anschließend betraten wir die Werkstatt und die Lagerräume. Dort lag Herr Sulemann, den wir gut gekannt hatten, tot auf dem Boden. Man hatte ihn mit zwei Schüssen in den Kopf umgebracht. Neben seinem Körper war ein tiefes Loch gegraben, aus dem die Hinrichter seine SA-Sachen herausgeholt hatten. Herr Sulemann war ein sehr gründlicher Parteimensch gewesen, seine Uniformen waren zahlreich. Büsten, Köpfe und Bilder in großer Ausführung wurden in seinem Erdversteck gefunden. Der Mann wird wohl daneben gestanden haben, als man ihn überführte. Einen Mann hinzurichten, das Wohnhaus auszurauben, die Vorratskeller zu plündern und alles Weitere zu vernichten, das gab es doch schon einmal im Mittelalter. Einige Jahre später erklärten uns unsere Eltern auf, Herr Sulemann sei nur ein gelittener Mitläufer der Partei gewesen, er habe immer Angst gehabt, seinen Betrieb zu verlieren. Trotz dieses nicht alltäglichen Erlebnisses und angesichts unserer abgestumpften Empfindungen, was tote Menschen betraf, suchten wir weiter nach einem Kindersarg für die kleine Karin. In dem Nebenlager der Werkstatt fanden wir Särge in allen Größen, jedoch ohne Lackierung und ohne Innenausstattung. Wir suchten einen kleinen, naturfarbenen Sarg aus und überlegten, wie wir ihn auf den Damm bringen konnten, ohne auf der Straße von den Polen abgefangen zu werden. Also kehrten wir erst einmal nach Hause zurück und besprachen die Sache mit unserem Vater. Er plante, den Sarg in der Dunkelheit zu holen. Unsere Mama hatte schon wieder Angst, denn auf der Straße wurde geschossen – wer gegen wen, war nicht festzustellen. Papa wartete auf die Nacht und verschwand dann zum Lager der Firma Sulemann. Unsere Familie versuchte, ihn von der Wohnung aus zu beobachten. Wir waren alle sehr froh, als er drüben heil angekommen war.

Nach Ablauf der Nacht hatten wir für Karin einen Sarg. Das kleine Wesen war nur elf Monate alt geworden. Ich sehe sie noch heute im Kinderzimmer in ihrem kleinen Bettchen sitzen. Ich versteckte mich und kam dann schnell wieder hoch, damit sie mich sehen konnte. Das kleine Mädchen hat darüber sehr lachen müssen und schlug sich mit beiden Händen auf ihr Bettchen. Sie konnte nicht genug von meinen Späßen bekommen.

Mama stattete den kleinen Sarg so gut wie möglich aus. Wir Geschwister und die Eltern versammelten uns am Abend um ihn und beteten tieftraurig das

Vaterunser. Dieser kleine, unschuldige Mensch, der die Welt noch kaum gesehen hatte, musste sterben, da die lebenden Menschen, auf welcher Seite auch immer, machtlos den Dingen zugesehen hatten und zum Teil auch machtlos sein wollten. Der Vater schloss den kleinen Sarg, kein Blümchen zierte ihn.

Papa, Mama und ich planten, nach Mitternacht zum Friedhof in Alt-Schottland aufzubrechen. Papa sollte den kleinen Sarg auf der Schulter tragen, ich die Schaufel, um das Loch in der Erde zu graben, Mama hatte die Aufgabe, auf alles, was auf dem Damm geschah, zu achten. Aber wir mussten noch warten. Auf der Straße gab es Ärger. Es wurde immer deutlicher, dass sich die Russen und die Polen nicht mochten. Im Zustand besoffener Elemente gingen die ursprünglich so engen Freunde aufeinander los, da spielte auch der Tod keine Rolle mehr. Es war ein Wettkampf zwischen einem Kriegsgewinner und einem verjagten Besetzer. Die Unterwürfigkeit der Polen den Russen gegenüber hatte sich im Lande der deutschen Bürger total verändert. Als es endlich ruhig geworden war, konnten wir aufbrechen. An der Brücke gab es eine kleinere Auseinandersetzung. Wir vernahmen nur deutsche und polnische Laute. Es war nicht mehr weit. Am Tor zum Friedhof mussten wir uns hinter einem sehr dicken Eichenbaum verstecken, denn hinter der Mauer war es unruhig. Die neuen polnischen Bewohner feierten schon mit Schnaps ihren Sieg der teilweisen Vertreibung der Danziger Bürger, dazu gehörten auch Prügeleien untereinander. Wir konnten nichts Genaues erkennen. Dann wollten wir weitergehen und uns einen Platz für Karins Grab suchen. Aber die Polen hatten uns entdeckt und beschossen uns mit Gewehren und Handfeuerwaffen.

Polnische Kinder meines Alters standen auf der Mauer und bewarfen uns mit Steinen. Die Polen sprangen über die Mauer, teilten sich in zwei Gruppen und liefen in unsere Richtung. Ich konnte erkennen, dass ein ganz junger Pole seine Handfeuerwaffe nachlud und auf uns zielte. Mama sagte zum Vater: „Stell den Sarg unter diesen Baum. Wir müssen hier schnell raus!" Papa setzte den Sarg ab, ich warf meine Schaufel weg und gemeinsam rannten wir vom Friedhof weg. Meine kleine Schwester Karin lag nun in der Holzkiste unter einer großen Eiche und durfte kein Grab haben, um vor dieser Erde ihre Ruhe zu finden. Bei all meinen Besuchen in meiner Heimatstadt werde ich niemals versäumen, dort ein kleines Blümchen unter den Baum zu legen und in der Marienkirche ein Gebet für sie zu sprechen.

In der Wohnung angekommen hatten wir wieder einmal das Gefühl, großes Glück gehabt zu haben, denn wir lebten alle noch. Bald legten wir uns schlafen. Am nächsten Tag fand auf der Straße wieder die Machtergreifung der Polen statt und wir mussten erkennen, dass wir uns dringend verdrücken sollten, bevor noch etwas Schlimmes geschah. Aber wie? Wir konnten nur durch den Kessel der Russen in Richtung Westen gelangen. Unser Vater hatte immer noch die Idee, in Gotenhafen Verbindung aufzunehmen zu ehemaligen Freunden aus der Zeit, als er bei der Wasserschutzpolizei tätig war. Zu seinen Freunden gehörten Polen, Kaschuben, Juden und die Danziger Fischer, mit denen er immer eng zusammengearbeitet hatte. Er wollte nun herausfinden, was aus ihnen geworden war und legte seinen Abmarschtag nach Gotenhafen fest.

Unsere Mama warnte den Vater noch einmal ganz deutlich, dass dieser Ausflug auch ein schlimmes Ende nehmen könne. Papa erwiderte aber nur, dass er sehr vorsichtig sein und den Marsch nach Gotenhafen nur nachts wagen werde, am Tage wolle er sich verstecken. Seine Worte drückten eine solch große Hoffnung aus, dass ich mich fragte, woher er noch diesen Mut und diese Entschlossenheit nahm. Zum Abschied forderte Papa uns Kinder auf: „Passt alle auf Mama auf und denkt an mich. Es wird mir gelingen, einen Weg zu finden." Täglich dachten wir an unseren Vater und wünschten uns, dass er bald wieder bei uns sein werde. Wir konnten aber nur warten.

In dem großen, leer stehenden Nachbarhaus auf dem Damm hatte sich ein verwitweter Dachdeckermeister mit seinen zwei Töchtern im Dachgeschoss zwei Räume als Versteck hergerichtet. Er hatte die Schilderungen der Menschen von den Vergewaltigungen sehr ernst genommen und glaubte, dort vor den Russen und Polen geschützt zu sein. Wir entdeckten diese drei Menschen jedenfalls nicht. Die Polen, die in diesem Wohnhaus ganz schön herumgewütet und manche Ladung Möbel abgeholt hatten, hatten sie auch nicht bemerkt. In den nächsten Tagen und Nächten herrschten in diesem Haus aber oft Unruhe und Streit. Zunächst konnten wir nicht feststellen, was los war. Ich versteckte mich eines Abends in der Nähe des Hauseingangs, sodass mir nichts entgehen konnte. Abends betraten russische Offiziere das Haus und blieben stundenlang, um auf grausame Art und Weise ihre Bedürfnisse zu stillen. Der Vater und seine zwei Töchter waren entdeckt worden. Die Kinderschänder kamen jetzt täglich. Wenn sich die Mädchen am Fenster zeigten, konnten wir erkennen, dass sie nur noch halb bekleidet waren. Ihre Angstschreie und die des Vaters waren bis auf die Straße zu hören. Wenig später verstummte der Vater, die Russen hatten ihn sicher verprügelt und in einen anderen Raum gesperrt. Da die Polen die Entdecker dieser jungen Mädchen gewesen waren, wollten sie nicht „auf ihre Rechte" verzichten und es gab so manche Schlägerei zwischen ihnen und den russischen Offizieren, die sich zwei Wachsoldaten bestellt hatten, die immer stark betrunken vor der Eingangstür mit der Kalaschnikow im Arm auf dem Boden saßen.

Einmal tranken die zwei russischen Wachsoldaten gerade wieder Wodka und unterhielten sich sehr laut. Dabei bemerkten sie nicht, was sich um sie herum abspielte. Vier Polen schlichen sich auf dem Damm zu den dort liegenden volltrunkenen russischen Soldaten. Sie trugen Gegenstände bei sich, mit denen man einen Elefanten hätte erschlagen können: Einer hatte eine große Gliederkette bei sich und übte schon das Zuschlagen, die anderen hielten Tischbeine und ähnliche Holzstücke in der Hand. Ich beobachtete alles aus meinem Versteck zwischen den Bäumen. Die Polen prügelten nun auf die zwei Wachsoldaten ein – so etwas Brutales hatte ich noch nicht gesehen. Einem der Russen platzte der Kopf in der Mitte auf. Trotz ihrer Kalaschnikow ging dieser so ungleiche Kampf für sie schlecht aus. Die zwei Soldaten blieben neben ihren Waffen auf dem Boden liegen und die Polen machten sich aus dem Staub. Die zur Hilfe gekommenen Soldaten konnten nur noch ihnen nachschauen. Für kurze Zeit kehrte Ruhe ein. Aber nach drei Tagen begann „das Spiel" von vorne. Die gleichen Offiziere gingen wieder in die Wohnung zu den Mädchen und erneut hörte ich deren Geschrei und das ihres Vaters, der seine Kinder beschützen wollte. Es war sicher vergebens.

Einige Tage später standen die Offiziere wieder zur gleichen Abendzeit vor dem Hauseingang. Ich verfolgte aus meinem Versteck in der Baumreihe, was sich in den nächsten Minuten ereignete. Der Dachdeckermeister hatte die russischen Offiziere erwartet. Er öffnete die Haustür, zog eine Handfeuerwaffe aus seinem Hemd und schoss ihnen aus nächster Nähe in den Kopf. Die drei Soldaten waren auf der Stelle tot. Irgendwoher kamen drei Soldaten, darunter ein Offizier. Sie legten die Toten nebeneinander auf den Damm und gingen zu dem Vater der Mädchen. Es dauerte nicht lange und sie kamen mit ihm aus dem Haus. Er war verprügelt worden, wie ich an seinem Kopf erkennen konnte. Sie führten ihn zu der kleinen Brücke an der Radaune und sprachen mit eindeutigen Handbewegungen sein Todesurteil. Er machte auf mich einen ruhigen und gefassten Eindruck. Ich vermutete, dass er seine beiden Töchter durch Schüsse vor weiterem Unheil bewahrt hatte. Die Hinrichter steckten ihm ein langes Messer von hinten durch den Körper, das an der Brust wieder herausragte. Zwei Soldaten hielten ihn aufrecht und ein dritter nahm seine Pistole und schoss ihm zweimal in Augenhöhe in den Kopf. Dann ließ man ihn in die Radaune fallen. Der Griff des langen Messers war auf seinem Rücken noch sichtbar. Danach gingen die Soldaten zu den drei toten Soldaten. Der Offizier hatte mich bemerkt und sah, dass ich weinte. Er legte seine beiden Hände auf meine Schultern und schaute mich still an, strich mit der Hand über meinen Kopf und ließ mich wieder los. Ich ging nach Hause und konnte dieses Erlebnis nicht wiedergeben, denn das Verhalten des Soldaten hatte mich tief beeindruckt.

Wieder vergingen einige Tage, in denen wir noch nichts von unserem Vater hörten. Mama tröstete uns immer: „Ihr müsst Geduld haben, keiner von uns kann wissen, was dort los ist. Euer Vater ist ein vorsichtiger Mann." Wir drei Brüder und die Freunde aus der Nähe strichen tagsüber durch Straßen und Gärten, mit Vorsicht, jedoch ohne Angst. Was haben die Polen heute wieder vor, so lautete unsere ständige Frage. Eines Tages nahmen wir den Weg an der Radaune entlang, setzten uns in eine Gartenhütte und besprachen, wo wir etwas zu essen stehlen könnten. Wir hatten vor, uns bei den russischen Soldaten zur Essensausgabe dazuzustellen und machten uns auf den Weg zum Holzlager. Auf unserem Rückweg entdeckte mein kleiner Bruder Horst in einem Weidenstrauch am Ufer der Radaune einen toten Menschen. Kein schöner Anblick! Aber wir Jungen hatten kein Problem mehr damit, Tote zu sehen. Aus seinem Rücken ragte noch immer der Griff des langen Messers heraus. Es war der Dachdeckermeister. Sein Körper war stark aufgequollen. Wir waren sehr erschrocken, ließen ihn aber dort liegen, um das weitere Vorgehen erst zu Hause zu besprechen. Mama war der Meinung, dass wir im Moment nicht mehr machen könnten, als den toten Mann aus dem Gebüsch zu befreien. Vielleicht würde er im offenen Wasser von den Polen oder den Soldaten gesehen und dann geborgen und beerdigt werden. Wir Jungen waren unschlüssig und wollten bei passender Gelegenheit einem Polen oder russischen Soldaten den Fund mitteilen. Wie wir das anstellen könnten, blieb uns ein Rätsel, denn alles was deutsch war, hatte ohnehin kein Recht mehr, den Mund aufzumachen.

Am Abend machten wir uns auf den Weg zum Holzplatz. Im Laufe der letzten Wochen hatten wir uns mit Behältern zum Essenfassen ausgerüstet. Meiner, der einem Kübel ähnelte, kam dem russischen Koch wohl etwas zu groß vor. Ich hielt das Gerät in beiden Händen und stand vor dem jungen Soldaten, der das Essen austeilte. Dieser schaute mich nur an und rief einen Offizier zu sich, der mich in deutscher Sprache ansprach. Ich konnte es nicht fassen, aber es war wirklich so: In höflicher, reiner, deutscher Sprache befragte er mich und teilte mir mit, dass er mir ein zweites Stück Brot geben lassen würde, aber den halben Eimer zu füllen, das ginge nicht. Ich erhielt drei Löffel Suppe in meinen Behälter, meine beiden Brüder erhielten jeder zwei Löffel und ein Stück Brot. Wir waren sehr zufrieden, dankten und verschwanden nach Hause. Unsere Mama teilte die Ration auf – es reichte für alle. Wir freuten uns sehr, einmal richtig satt geworden zu sein.

Immer mehr polnische Bürger fuhren mit Pferdewagen in Richtung Petershagen, um sich dort niederzulassen. Ich ging zu meinem Freund, um mit ihm einige Dinge zu besorgen. In dem Garten neben dem Wohnhaus wurden gerade für die erschossenen russischen Offiziere Gräber ausgehoben. Lothar und ich durften helfen, das Unkraut zu entfernen, die Soldaten gruben die Löcher. Eine richtige Beerdigung gab es nicht. Die toten Soldaten waren in Sackbehältern eingepackt, die von unten bis oben mit einer Schnur zugebunden waren. Sie trugen noch ihre Uniformen und die Löcher in ihren Köpfen waren mit einem Verband zugedeckt. Ich konnte die jungen Gesichter genau erkennen und musste trotzdem denken, dass die Bestrafung in der Regel der Tod ist – und dies in diesem Fall zu Recht. Die Menschen taten mir trotzdem auch leid und ich dachte an ihre Mütter, Väter und Kinder, die in Trauer weit von hier entfernt in einem anderen Land lebten. Zehn Soldaten dieser Einheit schossen in die Luft und jeder Soldat bekam eine Holzplatte mit den Orden an das Holzkreuz gehängt. Wir sahen diese Erdhügel täglich, was uns etwas traurig stimmte.

Mein Freund wusste, dass in einem bestimmten Keller noch eine Menge Kartoffeln versteckt waren. Wir nahmen uns nur wenige, denn wir konnten ja am anderen Tage wieder dort hingehen und uns versorgen. Nachdem ich die Kartoffeln bei der Mama abgeliefert hatte, ging ich zu dem Koch des Offiziers. Er war sehr freundlich zu mir – ich hatte ihn zum Freund gewonnen. Es machte ihm Freude, mir noch einmal seinen Zaubertrick mit der Zigarette zu zeigen. Wir freuten uns und in diesem Augenblick war die Welt für mich wieder schön. Am Abend half ich bei der Anlieferung von Esswaren, Schnaps und Tabak. Der kleine Panjewagen kam in den Hof gefahren. Der Koch und ich hoben die Ware durch das Küchenfenster. Ich erwischte einen verschlossenen, deutsch beschrifteten Eimer, trug ihn den Flur entlang und öffnete den Deckel. Der Inhalt roch nach Schmalz. Die Aufschrift bestätigte, dass es Griebenschmalz aus Danzig war. Ich war von dem Erdgeschossfenster, an dem der Eimer Schmalz stand, kaum noch wegzudenken.

Am nächsten Morgen steckte ich mir eine Kaffeetasse in die Jackentasche und war nun ausgerüstet, zum richtigen Zeitpunkt eine Probe aus dem Eimer zu klauen. Das Fenster stand immer offen, denn der Koch bereitete Gerichte zu, die sehr viel Rauch erzeugten, und musste immer schnell für Abzug sorgen. Ich

78

schaute ihm von meinem Platz außen auf der Fensterbank zu. Der Russe gab mir ein mit Schmalz bestrichenes Stück Klebba. Dieses Stückchen Brot war für mich etwas ganz besonderes. Ich aß es mit Ruhe und Genuss und wartete auf den Moment, in dem ich meine Tasse einmal so richtig tief in den neben mir stehenden, offenen Schmalzeimer stecken konnte. Ich konnte es nicht lassen, den Diebstahl in meinem Kopf zu durchdenken. Die Zeit drängte. Als mein russischer Freund vom Flur einen großen Behälter mit Wodka holte und den Schnaps in kleine, taschengroße Flaschen zum Mitnehmen füllte, zog ich meine Tasse aus der Tasche und fuhr einmal so richtig durch den Eimer. Der Soldat bemerkte den Diebstahl nicht. Ich blieb noch eine Weile ganz ruhig auf der Fensterbank sitzen, bevor ich heruntersprang, meine Hand zum Gruß hob und nach Hause ging, während der Koch sein Liedchen weitersang. Mein Heimkommen war dieses Mal ein ganz besonderes für mich. Am Vormittag hatte ich Kartoffeln nach Hause gebracht und am Abend eine Tasse voll Griebenschmalz. Wir freuten uns alle sehr. Unsere Mama plante gleich für den nächsten Tag leckere Bratkartoffeln.

Dieses offene Küchenfenster und der russische Koch gaben mir oft die Gelegenheit, Essen zu besorgen, natürlich durch Klauen. Dieser Koch war immer sehr gut zu mir, er jagte mich nur davon, wenn er in der Küche fertig war.

Der Leser kann von mir halten, was er möchte, ich habe stehlen müssen, denn ich war mit zehn Jahren der älteste Mann in der Familie. Ungewollt habe ich Wege eingeschlagen, die für mich im Normalleben undenkbar gewesen wären. Ich musste Verantwortung tragen, bis unser Vater wieder zurück war.

Einige Tage später hatte ich keinen Erfolg bei meinen Bemühungen, unterwegs etwas zu besorgen. Mein Weg führte mich deshalb automatisch zu meinem russischen Freund. Der Eimer mit dem wunderbaren Griebenschmalz stand noch am offenen Küchenfenster, aber von dem Koch war nichts zu sehen. Meine Ausrüstung, die Kaffeetasse, hatte ich immer bei mir. Ich blieb lange vor dem Fenster stehen, es bewegte sich nichts in der Wohnung. Schließlich stieg ich durch das Fenster in die Küche, klaute mir ein ganzes Soldatenbrot und tauchte meine Tasse einmal richtig in den Eimer. Gerade als ich wieder durch das Fenster nach draußen wollte, flog ein Offizier aus dem Nebenraum durch die Tür in die Küche. So schnell habe ich noch keinen Menschen angerannt kommen sehen. Er griff meinen Nacken von hinten und schimpfte in deutscher und russischer Sprache tüchtig mit mir. Das Gesicht des Offiziers war schon zur Rasur vorbereitet und eingeschäumt. Ich erkannte ihn sofort. Es war der Dolmetscher des Holzlagers. Ich ließ alles vor Angst fallen und bekam eine kleine Tracht Prügel. In ruhigem Ton ermahnte er mich, ich solle zum Abladen und sonstigen Arbeiten wiederkommen. Er wolle mich aber nicht noch einmal beim Klauen erwischen. Der Offizier hatte sich den ganzen Rasierschaum tüchtig verschmiert. Hätte er sich selbst sehen können, hätte er lachen müssen. Ich ergriff mein Brot und die Schmalztasse und wollte durch das Fenster hinaus. Aber der Offizier nahm mir die gestohlenen Dinge ab. Im Hof übergab er sie mir mit den Worten: „Denke daran, ich kann es nicht leiden, beklaut zu werden! Bitte immer erst fragen." Ich muss gestehen, ich habe diesen so ernsthaft erscheinenden russischen Soldaten beim Lachen erwischt und mich sehr darüber gefreut.

80

Wieder einmal hatte ich das Gefühl, den Krieg gewonnen zu haben.

Es war tatsächlich so, dass wir lieber mit den russischen Soldaten zu tun hatten als mit den Polen. Außerdem hatten die Polen bis auf das zusammengeklaute Eigentum der Deutschen ja selbst nichts. Es fiel uns auf, dass sich die Polen in der Nähe der Russen ängstlich und zurückhaltend verhielten. Wenn die russischen Einheiten auf der Straße marschierten und ihre Lieder sangen, waren weit und breit keine Polen zu sehen. Die Fenster der von ihnen besetzten Wohnungen waren dann geschlossen.

Die Polen verhielten sich wie rachsüchtige Banden. Ich lernte zu dieser Zeit nie polnische Bürger kennen, die etwas vorsichtiger und wirklich bürgerlich in ihrem ganzen Verhalten gewesen wären.

Die Wohnung und die Behandlungsräume des Arztehepaars Dr. Hanninger in unserem früheren Wohnhaus waren komplett hinterlassen worden. Dort hätte wieder ein Arzt hineingehört, ein polnischer, der die Kranken hätte behandeln können, die vielen alten Leute, die überall in den Verstecken lagen und dringend Hilfe gebraucht hätten. Was nun aber gegenüber geschah, ist ein Beispiel für die völlige Vernichtung lebensnotwendiger Dinge. Junge polnische Männer, eventuell 16 Jahre alt, wüteten in den Räumen und luden das für sie Wichtige auf einen Pferdewagen. Kartons mit Medikamenten wurden achtlos durch die Fenster in den Hof geschleudert.

Einige Tage danach erlebten wir, wie sich in diesen Räumen eine polnische Familie niederließ. Im Innenhof standen plötzlich ein altes Auto und ein Motorrad, an denen tagelang Reparaturen durchgeführt wurden.

Ein neuer Mieter eine Etage höher besaß einen Wagen, früher wohl eine Kutsche, mit einem kleinen Pferd, das bei uns im Garten versorgt wurde. Dieser Pole fuhr täglich mit diesem Fuhrwerk weg und hatte bei der Rückkehr immer sehr viel abzuladen. So viel Diebesgut konnte man in einer Wohnung gar nicht lagern. Aus unserem so wunderschönen Ohra war ein verkommener Stadtteil geworden mit Menschen, die nur stehlen konnten. Das hatten die echten Danziger Bürger davor noch nicht erlebt.

Jahre nach dem Krieg las ich über das Unheil, das die Deutschen dem polnischen Volk angetan hatten, und konnte ihr Verhalten in Danzig-Ohra teilweise verstehen. Das von den Deutschen verübte Verbrechen ist in den nächsten 100 Jahren nicht wiedergutzumachen.

D ie Zeit lief uns davon. Die Angst vor der totalen Vertreibung war sehr groß wie auch die Ungewissheit, wie gewalttätig sie durchgeführt werden würde. Die noch in der Stadt lebenden Menschen, kraft- und mutlos, kein Fleisch auf den Knochen, konnten ohnehin keine großen Märsche mehr durchstehen. Alle hatten die Hoffnung längst aufgegeben. Jeder wünschte sich, dass er in der Vergangenheit doch zu der Entscheidung gekommen wäre, seinem Leben ein Ende zu setzen. Hilflos schauten wir in jeden neuen Tag und warteten auf unseren Vater.

An einem Nachmittag bewegte sich etwas Großes auf unserer Horst-Wessel-Straße. Die Polen hatten sich schon verkrochen. Russische Soldaten machten die Straße frei für einen Treck gefangener deutscher Soldaten, der in Richtung Russland getrieben wurde.

Die Kolonne nahm die ganze Breite der Straße ein. Dicht gedrängt gingen die Gefangenen nebeneinander. Einige blieben bei uns stehen, um mit uns zu reden. Einer, vermutlich ein deutscher Offizier, erzählte uns, dass alle, die in dem Kessel um Danzig-Stadt und Danzig-Land in der Kampfzone gefangen genommen wurden, nach Uhren und anderen Wertgegenständen durchsucht und auf einem Feld zusammengetrieben wurden. Er berichtete: „Diese Menschen, die jetzt hinter mir her ziehen, sind der Rest des Großdeutschen Reiches." Nach einigen Tagen auf der Sammelstelle hatten sie den Befehl bekommen, den großen Marsch nach Russland anzutreten. In Danzig-Ohra wurde nun auf Anordnung der russischen Wachsoldaten bis zum nächsten Morgen Rast gemacht. Unendlich viele Soldaten in zerschlissenen Uniformen ließen sich bis zur Radaune in den Gärten nieder. Der Zug reichte vom Heumarkt bis zum Höhnepark. Da diese Menschen bereits tagelang unterwegs waren, hatten alle das Bedürfnis, ihre Füße zu versorgen. Bei einigen Soldaten passten sie nach einer Ruhestunde nicht mehr in die Schuhe oder Stiefel. Sie waren entzündet und vereitert, die Strümpfe waren bei den Gewaltmärschen hart wie Holz geworden. Es war ganz schlimm, was wir sahen.

Immer wieder fielen Schüsse. Wir fanden heraus, dass die Russen die Verwundeten und die Flüchtenden erschossen. Die deutschen Soldaten legten eine beunruhigende Gleichgültigkeit an den Tag. Sie hatten keine Angst vor den russischen Wachsoldaten – im Gegenteil, sie machten sich über sie lustig. Ein älterer Soldat erzählte uns, dass bei vielen Gefangenen die Entscheidung schon getroffen sei. Russland wollte keiner erreichen. Sie wüssten genau, dass sie bei einem vorgetäuschten Fluchtversuch sofort erschossen würden. Einige hätten davon schon Gebrauch gemacht. Das Vorhaben, sie nach Russland zu bringen, werde scheitern. Von dem ganzen, etwa 3000 Gefangene umfassenden Treck würden höchstens 200 Männer am Ziel ankommen. Kein Gefangener hatte noch den Mut, weiterzuleben. Kein Essen, keine ärztliche Versorgung. Auch die Typhuskrankheit war bereits ausgebrochen. Die Hoffnungslosigkeit stand diesen Menschen ins Gesicht geschrieben.

Wieder machte ich mir meine Gedanken. Mit den Lehren der Vergangenheit konnte ich nichts mehr anfangen, denn wir lebten in einer Zeit, in der ein Deutscher zu sein oder ehrenhaft über das Deutschtum nachzudenken nicht mehr erwünscht war. Diese zum Großteil schon zum Tode verurteilten Männer waren nun einmal deutsche Bürger, hatten Kinder, waren Väter.

Die Kellerfenster unter unserer Wohnung befanden sich in einem Schacht und waren zum Schutz mit einem abnehmbaren Eisengitter abgedeckt. Auf einem dieser Gitter saßen zwei junge deutsche Gefangene und riefen mich zu sich. Sie hatten vor, sich von dem Trupp zu lösen und gemeinsam auszureißen. Einer von ihnen, ein Unteroffizier, war ein Ungar in deutscher Uniform. Beide Freunde gingen vorsichtig vor. Sie baten mich, das Kellerfenster zu öffnen. Die zwei wollten dann das Gitter abheben und in den Keller verschwinden. Anschließend kam ich wieder auf die Straße, wo inzwischen zwei andere Gefangene auf dem Eisengitter saßen, damit der patrouillierende Wachsoldat nichts bemerkte.

In der Nacht wurden immer wieder gefangene Soldaten aus der Gruppe geholt, sehr kranke, verwundete und erschossene, die im Verdacht gestanden hatten, fliehen zu wollen. Die Russen hatten fünf deutsche Soldaten mit einer schwarzen Armbinde ausgerüstet, die die Kranken und Toten sortieren durften. Am Morgen wurde zum Aufbruch gerufen. Die Männer stellten sich so auf, wie der russische Soldat es gestenreich befahl. Langsam setzte sich der Treck in Bewegung. Wir beobachteten, dass einige deutsche Gefangene nicht aufgestanden, sondern auf dem Boden liegen geblieben waren. Es war ihnen egal, ob der russische Wachsoldat mit ihnen schimpfte und wie oft er sie mit dem Gewehrkolben verprügelte. Wir sahen einen kranken, auf der Erde liegenden Soldaten, dessen Beine so angeschwollen waren, dass keine Hose und keine Stiefel mehr passten. Auf den rot verbluteten Füßen hätte kein Mensch mehr stehen können. Diesem Mann, so glaube ich, wäre es am liebsten gewesen, wenn der Wachsoldat ihn erlöst hätte.

Der Abzug der deutschen Gefangenen dauerte sehr lange, denn es brauchte einige Zeit, bis die Männer wieder in einer Gehbewegung waren. Zum Schluss der Kolonne gingen die langsamsten Männer – sehr Kranke mit Krücken, Kopfverbänden, einen Fuß im Stiefel, den anderen in Verbände eingepackt. Dieser Elendszug wurde mit Drohungen und Gewehren vorangetrieben. Der Plan, diese Männer bis nach Russland zu bringen, musste scheitern.

Die Truppe zog auch an unserem Wohnhaus vorbei. Die Straße und der Damm lagen voll von Unrat und den zurückgebliebenen Kranken und Toten. Auch dafür hatten die Russen eine Lösung. Die Reste wurden unter ihrem Kommando von den Gefangenen zusammengefegt. Die noch halb lebenden deutschen Soldaten wurden mit dem Abfall von der Straße auf einen Pferdewagen geworfen und abtransportiert. Was war zu der Zeit in Europa schon ein Mensch wert, vor allem ein wertloser Deutscher?

Auch dieser Tag ging zu Ende. Wir hatten im Keller nun zwei deutsche Soldaten als Mitbewohner, die sich den Besuch in Russland hatten ersparen wollen. Sie waren beide sehr starke, mutige und ernsthafte Männer. Ich teilte ihnen gleich mit, dass es mit dem Essen ganz, ganz schlecht aussehe, was sie mir ohne Probleme abnahmen. Für einige Tage hatten sie genügend Versorgung bei sich.

In den nächsten Nächten überprüften die Soldaten aus unserem Keller die Lage draußen, denn sie waren fest entschlossen, sich auf den Heimweg nach Würzburg zu begeben. Sie ließen keinen Zweifel daran, dass sie ihre Familien wiedersehen würden. Beide waren mit Landkarten und Stadtplänen gut ausgerüstet. Sie blieben noch drei Tage bei uns, ehe sie in der folgenden Nacht davonschlichen. Drei Tage später kehrte der deutsche Landsmann nachts zu uns zurück. Seinen ungarischen Freund hatten die Russen bei der Flucht erwischt und sofort erschossen. Er selbst hatte sich in einem kleinen Schutzloch verstecken können und in der gleichen Nacht auf den Rückweg zu uns aufgemacht. Wenn die Polen ihn erwischten, würden sie ihn als deutschen Soldaten sofort erschlagen oder an die Russen ausliefern. In dieser verzweifelten Lage befand er sich jetzt. Er musste sich etwas Neues einfallen lassen, ohne dass wir ihm dabei helfen konnten. Nach einigen Tagen war er erneut verschwunden. Wir hörten niemals wieder etwas von ihm.

86

Unsere unglückliche Stimmung hatte einen Tiefpunkt erreicht. Wir überlegten, ohne den Vater Richtung Westen zu flüchten. Die Angst, ohne ihn aufzubrechen, war bei jedem von uns zu spüren, aber wie sollte es sonst weitergehen? Täglich gingen wir Brüder die Radaune bis zum Heumarkt ab, um etwas vom Vater zu sehen oder zu hören. Es schlich sich in unsere Köpfe auch der Gedanke ein, dass es für uns keinen Vater mehr geben könnte. Abends saßen wir in einer Ruhe zusammen, die unseren Schmerz ausdrückte. In unserer Familie gab es einen Menschen, der die Wege der ganzen Familie ebnete – und das war unser Vater. Wie alle Väter in unserem großen Familienkreis.

Es gab, wie schon gesagt, in Ohra auch deutsche Bürger, die ohne Probleme über die Straße gehen konnten. Sie durften ihre Wohnung oder ihr Haus behalten und bewegten sich auffällig normal, ohne jede Angst, die man sonst bei den Deutschen erkennen konnte. Das alles musste einen Grund haben und den versuchten wir herauszufinden. Tatsächlich trafen wir Jungen und Mädchen, die mit den Kindern der neuen polnischen Bürger Umgang haben durften. Unsere Freunde erzählten uns, wie dies zustande kam. Manche deutsche Familie hatte noch in guten Zeiten festgestellt, dass sie polnische Vorfahren hatte. Dies galt auch für die Kaschuben, die von den Russen im Kriege positiv berücksichtigt worden sind. Hatte sich ein deutsches Mädchen in einen polnischen Jungen verliebt, wurde dafür gesorgt, dass die dazugehörige Familie aus dem Kreis der Verfolgten ausgeschlossen wurde. So erklärt sich auch das schon geschilderte Beispiel aus unserem Wohnhaus, wo eine junge deutsche Nachbarin, die mit einem Polen zusammenlebte, wohnen bleiben durfte.

Nach einigen Tagen fanden wir heraus, wie einfach der Austausch der deutschen und polnischen Nationalitäten war. Junge deutsche Frauen, deren Ehemänner in Russland gefallen oder in den schlimmen russischen Gefangenenlagern gelandet waren, ließen sich in ihrem neuen Meldeschein den Vermerk eintragen, mit einem Polen verlobt zu sein, und nahmen die polnische Staatsbürgerschaft an.

Nach dem Krieg durfte ich bei einem meiner Besuche in Danzig einige dieser Männer und Frauen kennenlernen. Ich freue mich sehr darüber, wie glücklich diese Menschen heute noch sind. Denn es ist etwas Wunderbares, mit ihnen Umgang zu pflegen, die Freude liegt auf beiden Seiten. Ich bin so begeistert und freue mich auf jeden Flug nach Danzig, dass ich der polnischen Botschaft in Berlin einen Schriftsatz mit einer wunderschönen Erklärung geschickt habe. Das hat mich ganz stolz gemacht und ich erhielt von der polnischen Botschaft Weihnachtsgrüße und ein Buchgeschenk zugesandt.

Ich bin sehr glücklich, die Wege und Straßen in meiner Heimatstadt und der Geburtsstadt meiner Vorfahren wieder gehen zu dürfen, nicht zu vergessen auch die Strände von Heubude und Zoppot. In dem zusammenwachsenden Europa begegnen sich wieder Menschen, die sich in den Kriegsjahren verprügelt, erschlagen, erschossen und hochgradig verachtet hatten. Dabei sind die furchtbaren Gräueltaten und unmenschlichen Maßnahmen in Polen nicht in Vergessenheit geraten, auch nicht was Deutschland den Polen und Russen zugefügt hat. Das ganze Unheil des letzten

Jahrhunderts ist überall noch zu fühlen. Alle Menschen, auf welcher Seite auch immer, leiden noch heute darunter. Ich kann es in den freien Unterhaltungen mit den polnischen Bürgern immer wieder feststellen.

Die Krieger stellten sich uns damals als unendlich gescheite und gewalttätige Truppe dar. Wir bekamen das Gefühl, dass das Deutschtum verbrannt, erschossen und vernichtet werden sollte. Alles was wir in Danzig erlebten, war die Heimzahlung der Polen für das, was Deutsche in den Kriegsjahren auf dem polnischen Land und in den Städten angestellt hatten. Wer hatte den deutschen Soldaten das Recht gegeben, so zu handeln? Das war der Anfang vom Ende des „Deutschen Reichs" unter Adolf Hitler. Irgendein Abzeichen aus dem Reich gab dem Menschen das Recht zu töten.

Spät am Abend – in unserer Wohnung war es dunkel – hörten wir vom Damm her ein Klopfen am Fenster, ich schaute heraus und war unsicher. Ein Mann mit Russenmantel und einer Wintermütze schob eine Schubkarre mit einer Schaufel vor sich her. Es war unser Vater. Er sah mich an und seine Handbewegung bedeutete: „Mach die Haustüre auf und bleib ganz leise!" Im Innenhof erwischte ihn der Wachsoldat gleich und hielt ihm die Kalaschnikow an den Bauch. Aus Angst blieb ich in meinem Versteck. Mein Vater zog einen Zettel aus der Tasche und übergab dem Soldaten den Ausweis. Dieser schaute darauf und erkannte sicher nur den russischen Stempel, lesen konnte er bestimmt nicht. Der Soldat freute sich, dass mit diesem Stück Papier das Problem für ihn gelöst war. Vater durfte den Schubkarren in den Flur stellen und wir gingen ganz leise in die Wohnung.

Wir saßen alle zusammen in der Küche auf dem Fußboden und konnten es immer noch nicht fassen: Wir hatten unseren Vater wieder. Papa hatte drei Nächte bis nach Gotenhafen gebraucht. Es war ausgeschlossen, sich irgendwo am Tage sehen zu lassen, denn alles, was einem deutschen Soldat glich, wurde sofort erschossen. In Gotenhafen hielt er sich tagelang, vorwiegend nachts, im Hafen auf, um einen Freund oder Schiffführer aus seiner Zeit bei der Wasserschutzpolizei ausfindig zu machen. Er hatte Glück und traf einen Kaschuben, der ihn einige Tage und Nächte versteckte. Mein Vater, der Kaschube und ein Jude hatten sich in der Vergangenheit bei der Besorgung von Lebensmitteln unterstützt. Der Kaschube ging nun auf die Suche nach dem dritten Freund, der sich auf einem Schiff aufhalten sollte. Papa hatte eigentlich in der Nacht im Hafen die Möglichkeit einer Flucht auskundschaften wollen. Nun musste er aber in dem Versteck auf die Freunde warten. Einige der Kohlenfrachter lagen immer noch beladen vor Anker. Der Kaschube plante unter Kontrolle der Russen, in welchem Hafen die Schiffe die Kohlen abliefern mussten. Der befreundete deutsche Jude war ihr Schiffsführer. In der Nähe der Anlegeplätze trafen sich zwei russische Soldaten, ein Mann und eine Frau, zu einem Téte-à-Téte und entdeckten dabei meinen Vater in seinem Versteck. Mit einem lauten Schrei riefen sie mehrere Soldaten, die um sich schossen und den Vater überwältigten. Man brachte ihn in eine bereits mit Gefangenen überfüllte Baracke, darunter sehr viele junge Männer in ihren Hitleruniformen. Am nächsten Tag wurde eine marschfertige Truppe zusammengestellt und ab ging es nach Matzkau. Dort wurden die Männer noch einmal durchsucht und jeder erhielt ein Stück

Papier mit einem Stempel. Unser Vater wurde dazu eingeteilt, mit mehreren Männern die Baracken umlaufend mit Sand und Erde anzufüllen, damit keiner mehr unter den Wänden hindurchkriechen konnte. Der Vater überlegte nicht lange und setzte sich mit der Schubkarre ab.

Er ließ sich nicht davon abbringen, noch einmal den Marsch nach Gotenhafen zu wagen, denn er hatte dort echte Freunde gefunden, die ihm zur Seite standen. Also brach er in der gleichen Nacht wieder auf.

Unsere Verabschiedung dauerte dieses Mal etwas länger. Papa hinterließ eine ängstliche „Truppe". Sollte er nach einigen Tagen nicht zurück sein, waren wir jetzt bereit, alle gemeinsam in den Tod zu gehen. Wir waren am Ende und wollten auch nicht mehr ohne unseren Vater weiterwandern. Mit dem Einverständnis der Mama hatten wir in den Schützengräben Handgranaten gesammelt und in einem Schützenloch versteckt. Sie würden ausreichen, uns alle von der Erde zu verabschieden. Vaters Bericht aus Gotenhafen war die Lösung, wenn alles klappen würde, aber wer von uns konnte abschätzen, was noch alles geschehen würde.

Auf den Straßen von Ohra geschah nichts Gutes, denn die Polen hatten sich überall ausgebreitet. Wir sahen uns noch einmal im Höhnepark um und liefen auch zum Friedhof, wo wir in einer Holzkiste meine kleine Schwester Karin hatten stehen lassen müssen. Der kleine Sarg war verschwunden. Das machte mich sehr traurig.

Wir hatten keinerlei Gefühl der Gefahr mehr. Unser Freund Lothar aus der Nachbarschaft hatte auf seinen Alleingängen neue Erkenntnisse gewonnen, von denen er uns einige weitergab. In der ursprünglichen Polizeistation war von den Polen eine Auffangstation für missliebige Ohraer Bürger eingerichtet worden. Dort war tüchtig etwas los. Dreimal am Tage lieferte eine Kutsche, bespannt mit nur einem Pferd, gefesselte Männer. Sie wurden von zwei Polen in das Haus gebracht. Der Kutscher und einer der beiden Mitfahrer waren Deutsche, der andere ein Pole. Die beiden Deutschen hatten eine besondere Aufgabe. Sie hatten sich bereit erklärt, den Polen die Wohnorte von denjenigen NSDAP-Leuten zu zeigen, die den Weg Richtung Westen nicht rechtzeitig gefunden hatten. So wurden diese mundstarken, hellbraun Uniformierten doch noch zur Rechenschaft gezogen. Was für erbärmliche Gestalten waren aus ihnen geworden. Deutsche Männer hatten sich aus Angst, Unterwürfigkeit oder Abenteuerlust dazu hergegeben, nach Schuldigen zu suchen, und in Kauf genommen, dass weitere Menschen umgebracht wurden. Ihr Verhalten und ihr Auftreten waren eiskalt. Auch hier war zu erkennen, wozu der Mensch in der Lage ist. Die Männer nutzten die Situation, um selbst am Leben zu bleiben und warfen ihre ursprüngliche Ehrenhaftigkeit der Zeit entsprechend weg. Den Lohn in Form von Schnaps und Tabak genossen sie. Wir Brüder und unser Freund hatten genug gesehen. Ich konnte als Zehnjähriger nicht verstehen, dass sich ein Deutscher dazu hingab, Bürger zu suchen, damit sie erschossen würden. Dieser Zeitabschnitt in meinem Leben lässt viele Frage offen.

Wieder vergingen Tage und Nächte, in denen wir auf unseren Vater warteten. Es wurde höchste Zeit, von diesem schönen Stückchen Erde zu verschwinden. Alle Länder dieser Welt hatten der Hansestadt Danzig ihren Schutz versprochen, wo war dieser Schutz geblieben? Das Eindringen der Verbrecher aus dem Großdeutschen Reich hätte verhindert werden müssen. Bis zum Einzug der Fahnen haben in der Freien Hansestadt Danzig Menschen miteinander gelebt, die dann umgebracht wurden oder sich untereinander verfeindeten.

Die russischen Einheiten wurden immer weniger und die Zahl der bewaffneten Polen nahm zu. Aus Petershagen wurden immer mehr Danziger Bürger, vor allem alte Leute, verjagt. Diese Menschen zogen durch Ohra – keiner wusste wohin. Sie hatten gehofft, in ihren bescheidenen Wohnungen weiterleben zu dürfen.

Wir sollten zu der Zeit vieles verstehen, konnten es aber nicht. Das polnische Volk hatte auch keine Gnade erfahren war. Es war mit der Ausrottung durch die Deutschen bedroht worden. Viele Polen waren hingerichtet worden, wann immer es den Deutschen gerade passte. Nach dem Krieg wurden im Fernsehen Originalfilme aus der Tatzeit gezeigt, die an Grausamkeit nicht zu überbieten waren. Für mich stellte sich immer nur die Frage: Woher nimmt der Mensch die Möglichkeit, mit solcher Brutalität weiterzuleben. Es ist unglaublich, wozu der Mensch fähig ist.

Wenn ich heute nach so vielen Jahren über schöne Erlebnisse in meiner Heimatstadt Danzig im heute polnischen Vaterland berichte, habe ich manchmal das Gefühl, nicht verstanden zu werden, und bin darüber etwas traurig. Hat der Mensch aus der Zeit des Krieges und der Vernichtung nichts gelernt? Unser Planet, die Erde mit den vielen Menschen gebietet es einfach, in der begrenzten Lebenszeit liebevoll und hilfsbereit miteinander umzugehen. Die Zukunft der Menschen auf dieser Erde wird nicht weitergehen, wenn die Erde einmal naturbedingt laut schreien wird. Der Anfang dieser Veränderung ist doch schon sichtbar. Die Natur lässt sich von keinem Menschen aufhalten. Ich persönlich habe feststellen müssen, dass ich mit meiner Befürwortung von Menschenachtung und Zusammenführung sehr oft alleine stehe. Deshalb war es mir ein Herzenswunsch, fehlende Achtung der Menschen darzustellen.

Am Tage zogen immer mehr Polen mit großen Pferdewagen und ihrer letzten Habe nach Ohra. Noch immer räumten polnische bewaffnete Männer die Häuser und Straßen von deutschen Bürgern. Nach einigen Tagen und Nächten der Mutlosigkeit sollte doch auch einmal irgendetwas Gutes geschehen. Und so war es auch, eines Nachts klopfte es wieder am Fenster zum Damm. Ich konnte nur drei Männer erkennen, die sich an unserem Fenster zu schaffen machten. Einer war unser Vater, immer noch in dem russischen Soldatenmantel. Die Freude war groß und die Tränen nicht mehr aufzuhalten. Ein Wunder, der Papa lebte also noch. Ihn begleiteten ein russischer Soldat und der befreundete Kaschube, der alles im Griff hatte. Auf dem Damm stand ein kleiner russischer Lastwagen, der uns nach Gotenhafen bringen sollte. Der Wachsoldat im Treppenhaus bekam von dem russischen Fahrer einige Worte gesagt und schon ging alles in Ordnung. Papa und Mama packten schnell unsere restliche Habe und warfen sie auf den LKW. Der russische Soldat half uns auf den Wagen. Wir mussten uns auf den Boden legen, um nicht gesehen zu werden. Dieser kleine Lastwagen passte in der Breite gerade auf den Damm. Bei uns allen

94

herrschte eine gewisse Spannung, was uns bevorstand. In knappen, leisen Worten erzählte Papa unserer Mutter, was uns erwartete. Mama nickte nur und gab uns allen das Zeichen still zu sein.

Die Strecke von Ohra nach Gotenhafen, die wir sehr gut kannten, kam uns in jener Nacht wie eine Ewigkeit vor. Wir Geschwister hatten alle eine andere Vorstellung, wie die Vertreibung nun weitergehen würde. Von dem, was während der Fahrt um uns herum geschah, bekamen wir nichts mit. Auch nicht von der kurzen Kontrolle, die nur den beiden Männern im Führerhaus galt.

Im Hafen angekommen war es für uns unklar, wie eine so große Familie in diesem Durcheinander unbemerkt auf ein Schiff gelangen sollte. Wir hielten an einem Straßenende, der Liegeplatz unseres Kohlenschiffes war ein wenig von der Mole entfernt. Wir mussten uns ganz ruhig verhalten, während einige Männer versuchten, das Schiff an die Mole zu bringen. Nach einiger Zeit bekam der russische Kraftfahrer von dem Kapitän die Anweisung, den LKW an die begehbare Bretterbrücke zu fahren und wir mussten mit unserem Hab und Gut aussteigen. Einzeln wurden wir auf das Schiff gebracht. Man führte uns in eine Ecke des Maschinenraums, die vom Türeingang aus nicht einzusehen war. Die drei Freunde besprachen noch einmal die Fahrt. Wir bekamen einige wichtige Verhaltensregeln für den Aufenthalt auf dem Schiff mit auf den Weg, denn wir waren ja offiziell nicht vorhanden. Am Tage durften wir keineswegs gesehen werden. Die Seemannswohnung lag im oberen Bereich des Schiffs und wurde von einem russischen Offizier mit seiner Geliebten bewohnt. Wir wussten, bis wohin der Einblick des Russen reichte und wie weit wir gehen durften. Frische Luft und Schlaf waren bei uns ein Mangel, somit nutzten wir die Nacht, das nachzuholen. Niemand kann sich vorstellen, wie der ganzen Familie zu Mute war, nun in Sicherheit und vor allem beisammen zu sein. Wir mussten immer wieder unseren Vater anschauen, so stolz waren wir auf ihn. Jetzt bestätigten sich die immer wieder von Mama wiederholten tröstenden Worte: „Der Vater wird, solange er am Leben ist, schon das Richtige versuchen, um uns hier herauszuholen." Wie oft hatten wir befürchtet, dass er bei der Flucht aus dem Gefangenenlager erschossen würde. Aber nein, jetzt hatten wir die große Hoffnung, dass wir irgendwo mit der ganzen Familie ein neues Leben anfangen und alle endlich zur Ruhe kommen könnten. Der Offizier sollte mit seiner Geliebten vor Tagesbeginn an Bord kommen und die Vorbereitungen zum Auslaufen des Kohleschiffes treffen.

Das Bodenpersonal Gottes hat den Menschen beibringen wollen, dass der liebe Gott alles Gute geschickt habe. Wie auch immer, am Abend versammelte Mama alle Kinder und den Vater um sich. Wir fassten uns an den Händen und beteten das Vaterunser. Eine der beiden vergewaltigten Schwestern war schwanger geworden. Beide Mädchen blieben ein Fall für Mama, denn der Gewalt in dieser brutalen Form ausgeliefert gewesen zu sein, kann ein Fall für die Ärzte darstellen. Die Belastung ist so stark, dass sich im weiteren Leben Krankheit und Ehrlosigkeit entwickeln können.

Unsere Eltern waren sehr traurig, dass sie ihre Vaterstadt verlassen mussten. Es ging ihnen beiden sehr ans Herz. Papa nahm Mama in die Arme und beide weinten. Das Schiff verließ in langsamer Fahrt den Anlegeplatz von Gotenhafen. Die Eltern hielten einander immer noch ganz fest und konnten sich nicht vom Anblick der Überreste von Danzig losreißen. Weinend hob unser Vater eine Hand zum Himmel und schaute in die andere Richtung. Natürlich konnten wir alle die Tränen nicht unterdrücken, die Trauer des Herzens war zu groß.

In der Hoffnung, nach einiger Zeit wieder nach Hause fahren zu dürfen, dachten wir erst einmal nur an die nähere Zukunft. Würden wir in einem anderen Land im Westen eine neue Heimat finden und was würde uns dort erwarten. Würden wir überhaupt dort ankommen?

Das Kohlenschiff fuhr unter russischer Bewachung Richtung Westen. Sein Ziel war Rostock, vielleicht auch Swinemünde. Dort sollte geklärt werden, wo die Kohle entladen werden sollte und wo unsere Familie an Land gehen durfte. Für uns Brüder war es ein schönes Erlebnis, einige Tage bei angenehmem Wetter auf See zu sein. Der russische Soldat saß mit seiner jungen Frau oben wie auf einem Sonnendeck. Der Alkohol wurde in großen Mengen genossen und wir hörten häufig lustige Laute wie in einem Leben ohne Kummer und Angst. Der Russe machte sich den Spaß, mit seiner Pistole nach den Möwen zu schießen. Er war ein guter Schütze – immer wieder fielen einige in unseren Deckbereich. Der Kapitän versorgte uns, so gut es ging, mit Brot und etwas gut duftendem Speck. Durch den Heißhunger bekam die Hälfte der Familie ein Problem mit der Toilette. Der Körper nahm das Essen noch nicht an. Durch die Entbehrungen und das mangelhafte Essen hatte sich der Körper auf die Mindestzufuhr von Lebensmitteln eingestellt.

Eine Schwester erkrankte an Typhus. Ihr Körper wurde immer dünner und schwächer, die Haare fielen ihr aus, wie ein Häufchen Elend lag sie in eine Decke gerollt auf dem Boden. Der Kapitän brachte ab und zu eine Flasche mit Tee, die etwas helfen sollte. In ihrem Körper war alles durcheinander geraten und sie hatte unserer Mama ihren Wunsch mitgeteilt, dass der Vater sie über Bord in die Ostsee werfen solle, da sie unter diesen Umständen nicht mehr am Leben bleiben mochte. Da wir irgendwo landen würden, wo es die Möglichkeit zu einem normalen Leben geben würde, kam es für uns nicht in Frage, sie zu verlieren. Aber wir konnten ihr auch in keiner Form helfen.

Unser Vater stand in einer nicht einsehbaren Ecke an der Reling und schaute zurück nach Danzig. Von diesem Tag an wusste ich, dass er immer, wenn er mit den Zähnen knirschte, an Danzig dachte – und das war sehr oft. Am ersten Abend erhielt er von seinem Freund die Nachricht, dass wir in Swinemünde einlaufen würden. Eventuell sollten wir an Land gehen, jedoch werde alles noch vor dem Ausstieg miteinander besprochen, damit nichts schieflaufe. In der kommenden Nacht begab sich die ganze Familie aus dem Maschinenraum an Deck, um frische Luft zu holen. An Schlaf war ohnehin nicht zu denken. Es war so wunderbar, einige Stunden die großen Maschinen nicht zu hören und miteinander reden zu können. Die Reise ging sehr langsam vorwärts, auf Wunsch des russischen Soldaten durfte nicht schneller gefahren werden. Nach zweieinhalb Tagen kamen wir in Swinemünde an, mussten aber vorerst in unserem Versteck bleiben.

Es war nicht einfach, im Hafen, in dem viele zertrümmerte Schiffe lagen, einen freien Platz zu finden. Nach einigen Anweisungen russischer Soldaten gelangte unser Kohlenfrachter schließlich an einen Anlegeplatz. Ein Ruck ging durchs Schiff. Unser Offizier wurde bereits erwartet. Eine Wodkaflasche ging herum und auf unserem Schiff fand ein lautes Saufgelage statt. Nach drei Stunden verließen die Russen gutgelaunt das Schiff. Unser Offizier hatte sich in eine ordentliche Uniform geschmissen, trug unter dem Arm eine Aktentasche und verschwand. Nun kehrte auf dem Schiff Ruhe ein und wir genossen die Freiheit an Bord. Der Nachmittag ging vorbei und unser Soldat kam zurück. Der Kapitän hatte den Befehl erhalten, Richtung Rostock auszulaufen. Hier in Swinemünde war es wohl nicht möglich, das Schiff zu verlassen.

Also fuhren wir weiter Richtung Westen. Die Eltern sprachen mit uns auch darüber, dass wir ein Jahr und acht Monate nicht zur Schule gegangen waren. Sie sorgten sich, wie wir alles Versäumte aufholen und einen altersgemäßen Stand erreichen könnten. Das würde sicher nicht ganz einfach werden. Unsere Mama, die immer für alle Probleme eine Lösung wusste, war auch jetzt optimistisch: „Es wird sich alles zum Guten wenden und mit der Unterstützung der neuen Nachbarn im Westen sollte das doch in friedlichen Zeiten möglich sein." Heute stelle ich mir allerdings die Frage, was bei allen Betroffenen, ob groß oder klein, hätte geschehen müssen, um sie von den seelischen Grausamkeiten und den schlimmen Kriegserlebnissen zu befreien. Es war und ist sehr schwer, mit diesen Erinnerungen zu leben. Diese Gedanken haben mich oft in der Nacht erwischt und ich habe böse Dinge geträumt und im Schlaf schreien müssen.

Alle Beteiligten auf beiden Seiten haben es zugelassen, das unzählige Mutter, Väter und Kinder durch

Menschen Hand umgebracht worden sind, und das mit der Einstellung, das Richtige zu tun und es tun zu müssen, um irgendeinem Menschen zu gefallen.

Wir waren dankbar, den Krieg überstanden zu haben. Die in der Seele so zerbrochenen Schwestern waren von einer schweigsamen Ruhe befallen und konnten noch nicht an eine gute und friedliche Zukunft glauben. Ein Tag und eine Nacht vergingen, bis wir einen Teil der zerstörten Hansestadt Rostock sahen. Der Hafen war kein Hafen mehr, kleine und große Schiffe schwammen in der Ostsee umher. Als wir näher kamen, erkannten wir, dass auch hier die Flugzeuge ihre böse Last abgeworfen hatten. Das ganze Manöver, das zu einem Anlegeplatz führte, dauerte diesmal einen halben Tag. Am Abend sollte in Absprache mit dem Kapitän alles Weitere entschieden werden, somit stieg die Spannung bei der ganzen Familie, wir konnten nur warten. Einzupacken gab bis auf einige deutsche Soldatendecken, die schon zusammengerollt bereitlagen, nichts. Bis wir sicher waren, aussteigen und uns auf den noch vorhandenen Straßen zeigen zu dürfen, vergingen nochmals Stunden. Die schwangere Schwester und die Typhuskranke wurden von Mama und den drei größeren Schwestern unterstützt, welch schlimmer Anblick.

Als es dunkel wurde, erhielt der Vater das Zeichen zum Ausstieg. Alles verlief sehr schnell und lautlos. Unser Vater und sein Freund umarmten sich unter Tränen. Mit einem herzlichen Dankeschön verabschiedete sich unser Vater von ihm. Wir staunten, wie viele Menschen aus dem Osten mit Pferdewagen und Schubkarren auf einem großen Acker versammelt waren. Ich konnte es kaum glauben. Die vielen Sprachen und Dialekte ließen darauf schließen, dass es, bevor die Russen den Ring um Danzig geschlossen hatten, noch ganzen Trecks von Vertriebenen gelungen war, die Stadt zu verlassen. Schiffe aller Größenordnungen hatten Rostock erreicht, mit Ausnahme der „Wilhelm Gustloff".

Jetzt hatten die Menschen nur noch das Ziel „Westen" im Kopf. Es schien so, als ob für alle Friedland die neue Heimat sein solle. Unser Vater besorgte sich eine von Hand gezeichnete Karte für den Weg dorthin und erklärte uns, dass wir einen Tag wandern müssten, ehe wir eine Möglichkeit fänden weiterzukommen.

Am nächsten Morgen hatte unser Vater einen Lastwagenpark von Fahrzeugen mit Holzvergasern, die die Menschen einsammelten und Richtung Westen brachten, ausfindig gemacht. Nach drei Stunden fanden wir diesen Platz, der von deutschen Kommunisten verwaltet wurde. Sie trugen rote Armbinden und hatten dafür zu sorgen, dass die vielen Menschen aus dem kleinen Stückchen Rostocker Erde verschwänden, denn täglich kamen mehr. Ich verstand, dass sich die einheimischen Bauern zu schützen versuchten, denn die Menschen aus dem Osten kamen immer näher. Unter ihnen waren viele, die im Krieg gelernt hatten, anderen Essen wegzunehmen. Unser Vater hatte in Erfahrung gebracht, dass die Lastkraftwagen die Vertriebenen an die Eisenbahn Richtung Halberstadt brachten. Von dort sollte ein Zug nach Westen fahren. Wir machten uns auf den Weg zu den LKWs und wurden nach unserer Ankunft sofort auf einer der vier Wagen verladen. Nach etwa zwei Stunden hielten wir an einem Bahngleis, auf dem gerade acht offene Waggons zu einem Zug zusammengeschoben wurden. An der beschädigten Lokomotive wurden noch Reparaturen durchgeführt. Ein Bahnhofs- oder ein Ortsschild gab es nicht, sodass wir nicht wussten, wo wir waren. Als die Lok nach zwei Tagen repariert war, wurden wir von den Männern mit der roten Armbinde in die Waggons getrieben. Sie standen unter Aufsicht einiger russischer Soldaten und verhielten sich uns gegenüber wie Gefängnisaufseher. Mit einem Knüppel bedrohten sie die armen Flüchtlinge. Wie eine Viehherde trieben sie alle vor sich her. Wer nicht sofort den Aufstieg in den Viehwaggon schaffte, landete im Graben. Aber das war uns egal, denn wir konnten ohnehin nichts ändern.

Wichtig war für den Vater nur, aus dem Stück Deutschland herauszukommen, in dem die Russen ihre Verwaltung aufbauten. Der Anfang war ja schon gemacht, es gab bereits deutsche Männer, die den Russen gehorchten und vielleicht auch einen Orden dafür bekamen. Die Familien aus dem weiten Osten mussten den Rest ihrer Habe auf der Wiese stehen lassen, wenn sie mit dem Zug mitfahren wollten. Wir konnten beobachten, wie sich die deutschen Kommunisten über die Hinterlassenschaft der Vertriebenen hermachten. Es ging schon wieder los, dass Menschen aus dem eigenen Lande einem Befehle erteilten, aber dieses Mal entstammten sie einer anderen Richtung und trugen eine rote Armbinde.

Die Letzten durften in den Zug einsteigen, man tröstete sich gegenseitig. Die Bahn bewegte sich stundenlang nur im Schritttempo mit einigen Unterbrechungen, wenn die Lokomotive oder die Gleisanlage nicht in Ordnung waren. Eine ganze Nacht wurde benötigt, um die Schienen zu reparieren. Jedoch kein Mensch verließ den Waggon. Nach einigen Tagen hielt der Zug auf freier Strecke nicht weit von Halberstadt, wir wurden alle herausgetrieben, denn hier war Endstation. Wieder landeten wir auf einem Feld. Jetzt begann das Spiel von Neuem, es entstand ein Lager am Waldrand. Unsere Familie suchte sich einen Platz in einem ehemaligen Bunker. Noch am gleichen Abend ging der Vater los, um die Lage zu erkunden. Viele Leute waren unterwegs, aber kaum einer der Vertriebenen wusste, in welcher Richtung Friedland lag. Unser Vater versuchte, ihnen zu helfen.

Unsere Gedanken gingen zurück nach Danzig-Ohra. Die polnischen Bürger, die in unsere Wohnung eingezogen waren, brauchten nichts mitzubringen, die Wohnung war komplett ausgestattet. Unser Großvater hatte noch die Kachelöfen versorgt. Holz in allen Größen und Kohle, alles war vorhanden. Mama hatte bei der Abfahrt zu unseren Wohnungsfenstern herauf-schauend gesagt: „Lasst es euch gut gehen und achtet auf die Kachelöfen in den Räumen, sie dürfen im Winter nicht ausgehen."

Wir mussten uns erst daran gewöhnen, dass wir die Straßen benutzen und alle Soldaten uns sehen durften. Nach Friedland zu kommen, bedeutete für alle Vertriebene eine Erlösung. Viele Kranke, Verwundete und Kleinkinder waren darunter. Zu dritt oder viert wurden sie in einem Handwagen verfrachtet. Wohin mögen wohl die Gedanken dieser kleinen Menschen gegangen sein? Die Kinder waren in eine Zeit geraten, in der es keine Liebe und Zuneigung oder Pflege gab. Die Erwachsenen hatten für diese so wichtigen Dinge des Lebens keine Zeit mehr. Der Krieg hatte alle sehr abgehärtet. Besonders die Frauen, Mädchen und Kinder waren zu Opfern von Verachtung und Gewalt geworden. Der Verlust der Menschenwürde machten aus den Müttern Menschen, die nur noch an den Kampf um das Überleben dachten.

103

Auch auf unserem Lagerplatz war es beschämend, mit ansehen zu müssen, was manchmal geschah. Eine junge Frau fuhr acht Tage lang ihr totes Kind im Kinderwagen herum. Sie hatte es auf der Flucht nicht beerdigen können. Einige Frauen wollten ihr nun helfen, aber sie konnte sich nicht von dem toten Kind trennen und hielt es in einer Decke gewickelt in ihren Armen. Erst nach einiger Zeit und gutem Zureden war sie bereit, das Stückchen Mensch zu beerdigen. Es war erlöst worden. Diese Worte waren für mich immer von großer Bedeutung, wenn ein kleiner oder großer Mensch gestorben war. Sie enthoben mich im Krieg, in dem ich viele Tote gesehen hatte, der Verantwortung, die Toten retten zu müssen.

Nachdem wir auf die Wiese getrieben worden waren und sich der Zug nach dem Umrangieren zurück gen Norden bewegte, sahen wir auch von den deutschen Aufsehern nichts mehr. Sie hatten sich alle aus dem Staub gemacht. Da sie nun einmal Stalin verehrten, wäre es ihnen unmöglich gewesen, uns Vertriebenen zu helfen. Immer mehr Menschen zog es zu unserem Lagerplatz. Deshalb wurde es immer wichtiger für uns, bald nach Halberstadt zu gelangen.

Weitere Auskünfte konnte der Vater nur bei ortsansässigen Bürgern einholen und so machte er sich auf den Weg zu einigen Wohnhäusern, in denen noch Menschen lebten. Nach einigen Tagen kam er mit der weiteren Marschroute zurück. Die Auskunftsbereitschaft der Einheimischen ihm gegenüber war sehr großzügig. Da es hier keine Transportmöglichkeit nach Halberstadt gab, müssten wir etwa fünf Stunden zügig laufen, um möglichst bald dort anzukommen. Es fiel uns sehr schwer, das zu glauben, aber es musste sein. Wenn wir in der Nähe von Halberstadt seien, sollten wir außerhalb der Stadt nach einer noch fahrbereiten Schmalspurbahn suchen, die am Ende einen Anschlusswagen der Reichsbahn nach Nordhausen mitführe, wohin wir fahren müssten. Schnell brachen wir zu unserem Marsch auf.

Viele Menschen zogen in die gleiche Richtung, die älteren Vertriebenen schlichen ohne jede Hilfe die Straße entlang. Man konnte sich nur wundern, mit welch starker Überwindung sich die alten Leute zur Leistung antrieben. Sie saßen zu dritt oder viert im Straßengraben und mussten sich gegenseitig wieder auf die Beine helfen. Aber in ihren Gesichtern war deutlich zu erkennen, dass sie im Westen ankommen wollten, wo sie in Ruhe den Rest ihres Lebens zu verbringen beabsichtigten. Meinen beiden kranken Schwestern ging es ebenso. Die ältere, an Typhus erkrankte, wog sicher nur noch achtzig Pfund und konnte vom Vater weite Strecken auf dem Rücken getragen werden. Woher nahm er nur die Kraft? Auch wir mussten Pausen einlegen, denn die ganze Familie war in einem sehr schlechten Zustand. Wir hatten auch so ziemlich alles, was die letzten Monate dem Körper zugetraut hatten: sehr starkes Untergewicht, die Hautkrankheit Krätze, wunde Füße, Beinschmerzen und sehr, sehr großen Hunger. Wir hatten lernen müssen, auf der Flucht nicht über diese schlechten Dinge zu sprechen, und uns damit abgefunden – in der Hoffnung auf eine bessere Zeit.

Überall lagen erschossene Tiere. Die Menschen schnitten an den Kadavern herum und kratzten mit dem Messer das letzte Fett aus dem Fell heraus. Unser Vater probierte dies auch, aber Mama konnte damit nichts anfangen, denn der Geruch dieses Fettes ließ darauf schließen, dass das Tier schon einige Tage tot dagelegen hatte und nicht mehr genießbar war. Mama meinte nur: „Wir sind alle schon krank genug!" und warf das stinkende Fett weit weg.

Nur sehr langsam kamen wir voran, zumal wir nicht wie in normalen Zeiten die Straßen benutzen konnten, nein unser Weg führte uns durch Felder und Wiesen. Die Straßen waren mit zertrümmerten Militärfahrzeugen und russischen Truppen verstopft. Auch hier waren sehr schöne kleine Orte und Dörfer nicht vom Krieg verschont geblieben.

Ich musste darüber staunen, wie uns Kinder meines Alters sauber und gepflegt vom Straßenrand aus schweigend anschauten. Ich hatte wie immer nur eine eingerollte Decke auf der Schulter und meine kleine Schwester Rosie an der Hand. In ihren Augen stand die Frage zu lesen: „Wo kommt ihr denn her und wie seht ihr denn aus?" Warum schauten mich die Gleichaltrigen so an? Ganz klar, so wie ich lief doch kein Junge herum. Meine Kleidung war in den letzten Wochen und Monaten so dreckig geworden, dass ich den Schmutz von den Kleidern und Schuhen abbrechen konnte.

Eine ältere Dame spendete auf einem Holzbrett einige Brote, ließ aber nur die kleinen Kinder etwas nehmen. Also schickte ich meine kleine Schwester zu dem Brett. Es klappte. Sie blieb einfach dort stehen und glaubte in einer anderen Welt zu sein. Mit Heißhunger aß sie das Stück Brot.

Alle Menschen auf dem Marsch Richtung Westen trugen ein nicht sichtbares Paket voll Kummer und Erniedrigungen mit sich herum. Keiner dieser deutschen Bürger war freiwillig ohne jede Habe aus seiner

Vaterstadt und seinem so wunderbaren Stückchen Deutschland fortgegangen.

Überall entstanden kleine Wiesenlager von den Vertriebenen, die kaum noch in der Lage waren, weiterzugehen und einfach eine Pause brauchten.

Solange die Vertriebenen noch eine russische Fahne oder einen Soldaten sehen konnten, marschierten sie weiter. Auch wir waren bereits sieben Stunden unterwegs. Unser Vater meinte, dass wir es in einer Stunde geschafft haben könnten. Am Ziel angelangt machten wir erst einmal eine Pause, während Papa versuchte herauszufinden, wo die kleine Eisenbahn abfuhr. Gegen Mitternacht kam er mit der Nachricht zurück, dass die Kleinbahn noch in Funktion war. Sie fuhr regelmäßig voll geladen mit Menschen nach Nordhausen. Da bereits sehr viele Menschen auf die Mitnahme warteten, gingen wir noch in dieser Nacht dorthin. Es waren so viele Menschen dort versammelt, dass es vermutlich Tage dauern würde, bis wir uns einen Platz im Zug erkämpft hätten. Nach zwei Tagen waren wir an der Reihe. Wir hatten ja kein Gepäck und alles verlief sehr schnell. Die kleinen Waggons waren sofort überfüllt, was aber allen völlig egal war. Hauptsache nur ganz schnell weg von hier. Wir Kinder hatten die Möglichkeit, uns auf den Fußboden zu legen. Es tat so gut, endlich mal nicht marschieren zu müssen. Langsam setzte sich der Zug in Bewegung.

Keiner der Mitreisenden wusste, wo man uns wieder rauswerfen würde. Der Zug erreichte nur eine geringe Geschwindigkeit und so mussten wir davon ausgehen, dass unsere Reise etwas länger dauern würde. Also hatten wir Zeit und genossen das Befreitsein von Feldern und Wiesen, auf denen wir monatelang unter unwürdigen Zuständen unser Zuhause gehabt hatten. Nach einigen Stunden hielt der Zug in der Nähe von Benneckenstein, wo schon die Männer warteten, die dafür zu sorgen hatten, dass der kleine Zug möglichst schnell geräumt wurde. Das Geschrei von Befehlen und das Zerren an den Menschen wirkten, als ob Tiere verfrachtet würden.

Mein Vater sprach einen dieser Männer an, um den weiteren Weg zu erkunden. 25 Kilometer entfernt würde von Nordhausen aus von den deutschen Behörden und dem Roten Kreuz der Transport mit Lastwagen nach Friedland weitergeführt werden. Der gewaltige Ansturm der Vertriebenen aus dem Osten war kaum noch zu regulieren. Ungewöhnlich viele Ankömmlinge, die sich von einer Anhöhe aus wie ein Meer von Köpfen darstellten, bezogen ihren Platz. Ein Teil der Menschen konnte nicht mehr weiter und blieb einfach dort liegen, ohne jede Hilfe. Viele Tote aus dem Osten wurden zurückgelassen, darunter kleine tote Kinder, in eine Decke eingerollt. Ganz alte Menschen hatten sich das Leben genommen und waren erlöst.

Ja, ihr großen Männer in den Uniformen des Deutschen Reiches, das war ein Krieg, den ihr dankenswerterweise nicht gewonnen habt. In euren Köpfen war nur die Technik des Tötens stark ausgebildet, sodass ihr überhaupt nicht in der Lage wart, im Zeichen der Menschlichkeit zu handeln. Diese Abgebrühtheit und Kopflosigkeit müssen einem Menschen doch wehgetan haben. Ihre Dummheit ist nur vergleichbar mit derjenigen der Menschen aus der Ostzone, die den russischen Soldaten ihre Unterwürfigkeit zeigten und die deutschen Bürger so böse behandelten. Diese Typen schufen die Ostzone, bis sie 1989 aufgegeben mussten. Für diese Bürger würde ich noch heute einen Gerichtshof einberufen und sie bestrafen lassen.

Auf unserem weiteren Weg entdeckten wir eine Transportstelle, von der aus die Vertriebenen in alle Richtungen gefahren wurden. Unsere Familie hatte das große Glück, einen Lastwagen mit Holzvergaser zu erreichen, der das Ziel Nordhausen im Schritttempo ansteuerte. Das alte Gefährt schwankte nach allen Seiten, wir fühlten uns wie auf einem Schiff, das drohte umzukippen. Die Menschen mussten sich aneinander festhalten. Wir Kinder standen am Ende nahe der Wagenklappe. Es war sehr abwechslungsreich zu beobachten, was so alles an uns vorbeizog. Nicht immer konnte ich die Schrift auf den noch vorhandenen Ortsschildern lesen und wusste deshalb nicht, wo wir waren, was mich ziemlich ärgerte. Die Zeit verging, stundenlang fuhr der Wagen mit uns über kaputte Wege. Wir hatten keine Probleme damit. Wenn einige Leute auf dem LKW umfielen, so standen sie wieder auf.

In der Nähe von Nordhausen bremste der Kraftfahrer abrupt, die Ladung Menschen fiel durcheinander. Die Klappe wurde geöffnet, alle mussten heruntersteigen. Wir wussten durch Vaters handgezeichnete Landkarte, dass wir ein großes Stück weiter gekommen waren. In einer Scheune fanden wir einen Platz zum Übernachten. Der Bauer hatte es uns freundlicher Weise erlaubt, da wir am nächsten Morgen wieder aufbrechen wollten. Auf dem Hof war gerade Futterzeit, eine Stalltür wurde geöffnet und herausdrang eine Menge heißer Dampf. Wir rochen sofort, dass dort Kartoffeln gekocht wurden und gingen näher zur Tür. In einem großen Behälter lagen Futterkartoffeln zum Abkühlen für die Schweine. Der Bauer beobachtete uns und erlaubte jedem von uns, sich einige der großen dampfenden Kartoffeln nehmen. Dankbar kamen wir alle schnell zur Ruhe, jedoch an Schlaf war nicht zu denken, alle waren in gespannter Erwartung.

Jeder machte sich Gedanken über die Zukunft. Die Masse der Vertriebenen hatte sich etwas aufgeteilt und marschierte in verschiedene Richtungen, ein großer Teil jedoch nach Nordhausen. Nach einem Tagesmarsch kamen wir in Hesserode an, wo wir in einem alten Gartenhaus übernachteten. Der Vater versuchte nach unserer Ankunft wieder herauszufinden, wo Vertriebene mit Lastwagen abgeholt würden. Dieses Mal hatte er wohl keinen Erfolg gehabt. Er kam in der Nacht zurück in die Hütte und versuchte zur Ruhe zu kommen. Am nächsten Morgen brach unsere Familie wieder auf, es half nichts, wir mussten laufen, was uns allen nicht leicht fiel. Einen ganzen Tag und eine ganze Nacht marschierten wir, anschließend benötigten wir zwei Tage Ruhepause. Ein Lastwagen nahm uns einige Kilometer mit, aber leider war es nur ein kleines Stück. Wir wunderten uns über den jungen Deutschen, der uns so bereitwillig geholfen hatte.

Die Hälfte des Weges war nun geschafft, bis Friedland waren es noch rund zwanzig Kilometer, als es zu einem riesengroßen Auflauf von Vertriebenen in einem kleinen, an einem Waldrand gelegenen Tal kam. Wir erkannten von oben, dass sich unendlich viele Menschenköpfe hin und her bewegten. Dort musste etwas geschehen sein. Der Vater brach auf und kam nach fünf Stunden wieder zurück. Er mahnte zum schnellen Aufbruch. Hinter Nordhausen hatten sich russische und amerikanische Soldaten getroffen, um dort eine Grenze zu ziehen. Die zahllosen Menschen aus dem Osten sollten mit Gewalt aufgehalten werden.

Die Russen stoppten den Marsch der Vertriebenen. Sie hatten ihren Kummer mit den vielen Menschen. Papa ging mit uns zu einer nicht so stark belegten Wiese, von wo aus wir alles beobachteten. Die Russen bildeten eine Kette auf der Wiese und ließen keinen Menschen mehr durch. Die Entfernung zu den US-Soldaten betrug etwa zwanzig Meter. Immer mehr Russen wurden eingesetzt, um einen menschenleeren Streifen zu schaffen, der vielleicht die Grenze darstellen sollte. Die US-Soldaten unternahmen nichts. Die Flüchtlinge aus dem Osten machten nun Druck auf die an der „Grenze" stehenden Menschen. Die Russen schossen daraufhin mit ihren Kalaschnikows in die Luft und wollten diese Menschen aufhalten, was aber nicht gelang. Hier so nahe am Ziel und dann auch noch vor den Augen der US-Soldaten befürchtete wahrscheinlich kein Mensch, erschossen zu werden.

Auf ein Zeichen des Vaters liefen wir alle los zu den US-Soldaten, aber auf der Hälfte des Weges wurde unsere Familie geteilt. Drei Russen versperrten meinen Brüdern, Rosie und mir den Weg und schoben uns zurück in die wartende Menschenmenge. Nur unsere Eltern und die Schwestern hatten es auf die andere Seite geschafft. Was sollte jetzt geschehen? Wir riefen herüber, aber keiner konnte uns helfen. Ich mit meiner kleinen Schwester Rosie auf dem Buckel, Hubert und Horst – wir griffen uns bei den Händen und ich sagte zu meinen Geschwistern: „Wir laufen jetzt los und schreien dabei. Keiner bleibt stehen, auch nicht, wenn ein Russe erscheint." Laut nach Papa und Mama rufend rannten wir hinüber. Ich glaube, wir haben dem russischen Soldaten mit unserem Geschrei etwas Angst eingejagt, denn er schoss nur schimpfend in die Luft. Aber wir waren nicht aufzuhalten. Zwei US-

Soldaten schickten uns gleich weiter zu den Rotkreuz-schwestern. Die Russen hängten sich jetzt ihre Waffen über die Schulter und versuchten, die Flüchtlinge mit den Händen zu stoppen. Kleine Gruppen gelangten aber immer wieder auf die Westseite. Ein neuer Trupp Russen war zur Verstärkung eingetroffen, um die Menschenmassen endlich aufzuhalten. Die US-Soldaten konnten nicht ganz begreifen, was geschah. In dem russischen Grenzstreifen lagen alte Menschen und weinende, nach ihren Müttern schreiende Kinder. Rotkreuzschwestern wollten ihnen helfen, was die Russen aber nicht zuließen. Sie jagten sie zurück auf die Westseite.

Eine neue Zeit brach an. Es gab Menschen, die sich um in Not geratene Menschen bemühten und ihnen Hilfe brachten! Also war die Erde nicht völlig verkommen, wie wir es eineinhalb Jahre lang erlebt hatten. Wir konnten diese wunderbare Situation zunächst nicht begreifen. Die Rotkreuzschwestern schauten uns nur an und erkannten, welch unwürdigen Zustand wir ertragen hatten, sie konnten nur den Kopf schütteln. Man brachte uns heißen Tee. Wir saßen alle gemeinsam auf der Erde und weinten. Die Schwestern kümmerten sich um jeden von uns und begleiteten uns zu einem amerikanischen Armeefahrzeug. Hier habe ich zum ersten Mal einen schwarzen Menschen gesehen. Er half uns auf den Lastwagen. Keiner von uns wusste, wohin es nun ging. Die Gesichter der Mitfahrenden waren entspannt, da sie ihr Ziel erreicht hatten und auf der Westseite des zerschlagenen Deutschland angekommen waren. Das soeben Erlebte war kein Traum!

Mit dem LKW fuhren wir einige Stunden langsam unserem Ziel, der Stadt Friedland, entgegen und trugen das Gefühl der Hoffnung in unseren Herzen. Einige Kilometer vor der Stadt hieß es aussteigen. Dort wurden schon sehr viele Vertriebene versorgt. Es gab Krankenwagen, eine Verteilerstelle für Trinken und Essen sowie ärztliche Hilfe. Die US-Soldaten verteilten an diese Menschen, die so dreckig und krank aussahen, kleine Esspakete. Mama mahnte uns, vorsichtig mit dem Essen zu sein. Sie wusste, wie unsere ausgehungerten Körper reagieren würden, und achtete darauf, dass wir nicht gleich alles in uns hineinsteckten. Die Rotkreuzschwestern bemühten sich sofort um unsere kranken Schwestern und veranlassten, dass wir mit dem nächsten Armeefahrzeug, einem Krankenwagen, in das Lager Friedland gebracht würden. Es war etwas ganz Großes, dass es Menschen auf dieser Erde gab, die sich um die so geschändeten Vertriebenen kümmerten.

Unsere Familie wurde für den Transport nach Friedland auf verschiedene Wagen verteilt. Vor dem Lagertor entlud sich bei unserer Mama die Spannung unter Tränen in einem Gebet. Wir erkannten in ihrem Gesicht Erlösung und Dankbarkeit. Nach unserer Ankunft schauten wir eng beieinander stehend in das große Lager und bemerkten eine kleine Glocke, die in einem Holzgestell neben der Kirche hing. So viele Rotkreuzangehörige hatte ich noch nie gesehen. Das war eine Organisation von Menschen in Uniformen, die den Menschen half. Bisher kannten wir nur uniformierte Organisationen, die töteten.

Unsere Familie stellte sich in die wartende Menschenschlange. Es ging sehr schnell und wir wurden von zwei Rotzkreuzfrauen in einen Flachbau geführt, der zu unserer Behausung wurde. In einer Raumecke mit übereinander gebauten Betten durften wir uns einrichten. Die Betten wurden von den zuständigen jungen Frauen mit Kopfkissen und Decken versorgt. Danach setzte sich ein Mitarbeiter des Lagers zu uns und befragte uns: Namen, Krankheiten, Geburtsorte, Herkunftsort, Dauer des Fluchtweges. Auch die nachfolgenden Informationen waren sehr wichtig und gehörten zu dieser gründlichen Organisation: Essenszeit und -ort sowie die Schlafstellen für die Männer. Täglich erfolgte ein namentlicher Aufruf zu Untersuchung und Behandlung. Die Vertriebenen hier hatten alle eine Hautkrankheit. Unsere Familie hatte Krätze und Läuse. Der verbreiteten Krankheit im Bereich Magen und Darm konnte man keine Bezeichnung geben. Keiner von unserer Familie war in der Lage, die ersten regelmäßigen Mahlzeiten bei sich zu behalten. Wir hatten kein Hungergefühl mehr, sondern aßen alle nur aus der ursprünglichen Gewohnheit heraus. Der Körper konnte aber nichts verwerten.

Die Untersuchungen der Ärzte brachten schlimme Dinge zum Vorschein. Wir hatten alle ein so geringes Körpergewicht, dass der Doktor erstaunt war, dass wir noch am Leben waren. Die ärztliche Versorgung sowie die regelmäßigen Mahlzeiten brachten uns nach fünf Wochen wieder halbwegs auf die Beine. Die wieder aufgenommene Körperpflege und die gereinigten, verschlissenen Kleidungsstücke trugen dazu bei, sich wieder wie ein normaler Mensch zu fühlen. So erwuchs eine große Dankbarkeit den Helfern gegenüber, die sich so selbstlos um uns bemühten. Auch in Einzelgesprächen erhielten wir mutmachende Ratschläge.

Die Angst um unseren Vater war sehr groß, sein Gewicht von 45 kg bei einer Größe von 179 cm machte uns Sorge. Drei Wochen durfte er im Lagerkrankenhaus bleiben, wo ihn die Ärzte wieder aufbauten. Er verhielt sich, als ob nichts geschehen wäre.

Sonntags läutete die Glocke im Lagerhof zum Gottesdienst. Es war eine neue Welt ohne jegliche Feindlichkeit. Im Gegenteil, wir durften außerhalb des Lagers mit Kindern spielen. Die Erwachsenen unterhielten sich in einer fast freudigen, freien Form. Manche Menschen versuchten, wieder zu lachen und höflich miteinander umzugehen. In dem Wohnbereich der Vertriebenen kam es aber auch zu angstvollen Gesprächen über die Vergangenheit, die von den Frauen immer noch unter Tränen beendet wurden.

Ich machte in den Nächten eine ganz neue Erfahrung. Zu den Träumen von den Kriegserlebnissen in Danzig gesellte sich bei mir ein sehr lauter Angstschrei. Wenn mich Mama daraufhin weckte, war ich in Schweiß gebadet. Unbewusst freute ich mich, als ich erfuhr, dass viele Kinder in unserem Raum nachts schrien und ihren Eltern mit Tränen in den Augen ihre Traumerlebnisse erzählten. Der Augenblick des Wachwerdens war mit einer starken Abwehrhaltung verbunden. Wir warfen vor Angst die Arme um unseren Körper, um etwas davonzujagen. Dieses Verhalten musste ich mit kurzen Unterbrechungen fünfzig Jahre erleben.

Die Ankunft in diesem für uns Danziger anderen Deutschland, in diesem Lager, in dem wir menschlich behandelt und versorgt wurden, war für unsere Familie ein völliger Neuanfang.

Fünf Generationen meiner Familie Pahlke/Rietz hatten das große Glück, in einer so wunderschönen Heimatstadt wie Danzig zu leben. Ich bin in einer sehr großen Familie aufgewachsen, ebenso groß war auch die Achtung der Menschen untereinander, die Verehrung der Großeltern sowie Tanten und Onkel. Die Inanspruchnahme von Hilfe innerhalb dieser großen Familie erwies sich als ehrenhaftes Verhalten der Erfüller und wurde entsprechend gewürdigt.

Der Krieg unterbrach alles. Ich habe es nicht glauben können, dass Männer in den schwarzen, braunen sowie grauen Uniformen und danach anderssprachige in tiefbraunen eine so große Gewalt in ihrer Seele herumtragen und sie auch noch an die Kinder weitergeben konnten. Zu der Zeit war ich zehn Jahre alt und konnte einen Großteil der erlebten Ereignisse nicht verstehen. Aber auch heute begreife ich immer noch nicht, was die Menschen in der Lage sind, anderen Menschen anzutun. Bei all den furchtbaren Erlebnissen habe ich in den Himmel geschaut und gefragt: Lieber Gott, warum lässt du das zu?

Ich lege sehr großen Wert darauf sagen zu dürfen, ein gläubiger Mensch zu sein, jedoch mit dem Bodenpersonal des lieben Gottes habe ich meine Probleme. Deshalb werde ich mich mit den Dingen beschäftigen, die mich noch immer verfolgen.

Der Versuch, nach dem Kriege von der Mutter Erklärungen auf diese Fragen zu erhalten, scheiterte unter vielen Tränen. Heute bin ich redlich 72 Jahre alt geworden und habe die Orte meiner Kindheit in meiner lieben Heimatstadt aufgesucht.